Second Edition

Summertime Learning

Prepare Your Child for First Grade
Directions in Spanish and English

Editorial Project Manager
Eric Migliaccio

Editor in Chief
Brent L. Fox, M. Ed.

Creative Director
Sarah M. Fournier

Cover Artist
Diem Pascarella

Illustrators
Mark Mason
Renée Mc Elwee

Art Coordinator
Renée Mc Elwee

Imaging
Amanda R. Harter

Publisher
Mary D. Smith, M.S. Ed.

Teacher Created Resources
12621 Western Avenue
Garden Grove, CA 92841
www.teachercreated.com

ISBN: 978-1-4206-8010-2

©2022 Teacher Created Resources
Reprinted, 2022 (PO604259)

Made in U.S.A.

Teacher Created Resources

Table of Contents

Table of Contents *(cont.)*

Un mensaje importante

El siguiente es un mensaje importante de la Asociación Nacional de Aprendizaje de Verano.

Estimados padres,

¿Sabían que todos los jóvenes experimentan una pérdida de aprendizaje cuando no participan en actividades educativas durante el verano? Esto significa que parte de lo aprendido durante el año escolar suele evaporarse durante los meses de verano. Sin embargo, la pérdida de aprendizaje se puede prevenir con la ayuda de los padres. El verano es la época ideal para participar en actividades interesantes y divertidas que ayuden a los niños a conservar y desarrollar sus habilidades académicas. Algunas ideas:

- Lean con sus hijos a diario. Visiten juntos la biblioteca local y escojan libros que aborden temas de su interés.

- Pidan a los docentes recomendaciones para la lectura de verano. The Summer Reading List (páginas 92–93 de esta guía) constituye un buen punto de partida.

- Exploren parques, reservas naturales, museos y centros culturales.

- Consideren cada día como un sinfín de posibilidades de aprendizaje. Medir las cantidades en una receta o estudiar un mapa antes de un viaje en auto constituyen algunos modos de adquirir o reforzar una habilidad. Utilicen las Learning Experiences que se encuentran al final de este libro para obtener más ideas.

- Establezcan metas a alcanzar de forma diaria. Por ejemplo, realizar cinco problemas de Matemáticas o leer un capítulo de un libro.

- Alienten a su hijo a completar las actividades de los libros tales como *Summertime Learning*, con el fin de reducir la brecha de aprendizaje que suele producirse en el verano.

Nuestra visión es que cada niño se sienta seguro, saludable y comprometido con el aprendizaje durante el verano. Para obtener más información, diríjanse a *www.summerlearning.org*.

¡Que pasen un verano *memorable*!

Matthew Boulay
NSLA Founder

Cómo utilizar este libro

Como padre, posiblemente sepas que el verano es una época para divertirse. Pero también puede ser un tiempo para aprender y prepararse para el próximo año escolar. Al combinar la diversión con el aprendizaje, los libros incluidos en la serie *Summertime Learning* pueden ayudar a tu hijo a mantenerse en el camino educativo y, a su vez, disfrutar del descanso físico y mental que tanto necesita. Con el fin de ayudarte a ayudarlo, hemos desarrollado un recurso organizado, flexible, práctico y gratificante.

Organizado

Summertime Learning: Prepare Your Child for First Grade se encuentra organizado en torno a un período vacacional de ocho semanas. Incluye dos actividades para cada día de la semana. De lunes a jueves, dichas actividades consisten en una lección de Matemáticas y una lección de lectura o escritura. Los viernes ofrecen un divertido cambio de ritmo e incluyen actividades que se centran en habilidades tales como la creatividad, el pensamiento crítico, la capacidad de seguir instrucciones y la resolución de problemas.

Flexible

Hay muchos modos de utilizar este libro de forma efectiva:

- 🐚 **Día a día**—Tu hijo puede realizar las actividades en orden, comenzando el primer lunes de las vacaciones. Para cada día de la semana, realizará las dos actividades designadas. (Consulta el calendario de la página 7).

- 🐚 **A elección**—Si no quieres que tu hijo realice las actividades estrictamente en el orden en que están presentadas en el libro, puedes elegir una combinación de páginas acorde con sus necesidades e intereses.

- 🐚 **De todo tipo**—Si sientes que tu hijo necesita más apoyo en un área que en otra, puedes optar por centrarte en las actividades de Matemáticas o Artes del Lenguaje.

Además, las páginas de este libro se encuentran perforadas, lo que permite arrancarlas en caso de ser necesario. Si se escoge este método, se puede decorar una carpeta y designarla especialmente para almacenar las páginas sueltas.

Extra Extra

- 🐚 Para acceder a un práctico calendario que ayude a establecer expectativas y mantenerse al día, consulta la página 7 de este libro.

- 🐚 Para obtener ideas sobre cómo ampliar las actividades de "Friday Fun", consulta la página 8.

- 🐚 Para incluir más escritura en el programa semanal, consulta los "Temas para el diario" en la página 9.

- 🐚 Para conocer distintos modos de incrementar la lectura de verano y las experiencias de aprendizaje, consulta las páginas 92–97.

- 🐚 Para páginas de referencia útiles en el área de las letras, los números, la caligrafía, la lectura, la suma, la narración y el reconocimiento del dinero, consulta las páginas 98–104.

Cómo utilizar este libro (cont.)

Práctico

Los padres desean páginas de actividades que no generen dudas sobre cómo utilizarlas, qué se espera que su hijo haga, y cuáles son las respuestas correctas. Las páginas de *Summertime Learning: Prepare Your Child for First Grade* tienen como objetivo responder a esta necesidad.

En la parte superior de cada página de actividades se ofrecen distintos datos de forma directa y de fácil lectura.

1 En un costado de la página de actividades, se encuentran el día de la semana y el área de aprendizaje. Esto permite a los padres verificar rápidamente en qué se encuentra trabajando su hijo y mantenerse organizados a lo largo del verano.

2 En el costado opuesto de la página figura un ícono de un sol. Constituye el sitio ideal para colocar una calcomanía y, de esta forma, hacer un seguimiento del progreso de tu hijo y recompensarlo cuando completa las actividades incluidas en el libro. Esta función también ayudará a orientarlo hacia las actividades del día siguiente: pueden simplemente localizar la última calcomanía colocada y trabajar en las dos páginas consecutivas. Al final del libro, encontrarán más de 300 calcomanías coloridas que podrán ser utilizadas para este fin.

3 Las instrucciones para cada una de las actividades se encuentran escritas de forma clara y de un modo que permita comprenderlas fácilmente. Muchas veces sucede que los niños poseen la capacidad de desempeñar una habilidad educativa, pero responden de modo incorrecto porque las instrucciones no son lo suficientemente claras o no han sido leídas en su totalidad. Puedes alentar a tu hijo a escribir un número sobre cada una de las instrucciones que indiquen una nueva tarea.

4 Algunas páginas incluyen un casillero llamado "What to Know" que ofrece un recordatorio de la regla gramatical u ortográfica que tu hijo deberá saber para poder completar la página.

Además, al final del libro se incluye una guía completa de respuestas (páginas 105–111) que puede ser consultada cada vez que se tengan dudas sobre alguna respuesta.

Recompensas

Puedes utilizar el Reward Chart que se encuentra en la página 112 de este libro para realizar un seguimiento de aquellas actividades que ya han sido completadas. Esta página está diseñada para ser utilizada con las calcomanías proporcionadas al final de este libro. Cada vez que tu hijo finalice una página, puede escoger una calcomanía y utilizarla para rellenar uno de los círculos del gráfico.

Las calcomanías también pueden ser utilizadas en las páginas individuales. El sol que se encuentra en la parte superior de la página constituye el sitio ideal para colocar la calcomanía escogida. De este modo, será más fácil orientarlo hacia las actividades del día siguiente: pueden simplemente localizar la última calcomanía colocada y trabajar en las dos páginas consecutivas.

Calendario semanal

Si lo deseas, puedes utilizar este calendario para planificar el trabajo de tu hijo.

📖 Cada fila del calendario muestra una semana de aprendizaje. Si te resulta útil, puedes comenzar por añadir las fechas de la semana en la columna de la izquierda.

📖 Utiliza el renglón que se encuentra bajo cada área de aprendizaje para añadir notas útiles, tales como el número de página donde se encuentra la actividad o el tiempo que le tomó a tu hijo completar cada una de ellas.

Día	Lunes	Martes	Miércoles	Jueves	Viernes
Semana 1 __/__/__ - __/__/__	☐ Matemáticas ☐ Lectura	☐ Matemáticas ☐ Escritura	☐ Matemáticas ☐ Lectura	☐ Matemáticas ☐ Escritura	☐ Viernes divertido ☐ Viernes divertido
Semana 2 __/__/__ - __/__/__	☐ Matemáticas ☐ Escritura	☐ Matemáticas ☐ Lectura	☐ Matemáticas ☐ Escritura	☐ Matemáticas ☐ Lectura	☐ Viernes divertido ☐ Viernes divertido
Semana 3 __/__/__ - __/__/__	☐ Matemáticas ☐ Lectura	☐ Matemáticas ☐ Escritura	☐ Matemáticas ☐ Lectura	☐ Matemáticas ☐ Escritura	☐ Viernes divertido ☐ Viernes divertido
Semana 4 __/__/__ - __/__/__	☐ Matemáticas ☐ Escritura	☐ Matemáticas ☐ Lectura	☐ Matemáticas ☐ Escritura	☐ Matemáticas ☐ Lectura	☐ Viernes divertido ☐ Viernes divertido
Semana 5 __/__/__ - __/__/__	☐ Matemáticas ☐ Lectura	☐ Matemáticas ☐ Escritura	☐ Matemáticas ☐ Lectura	☐ Matemáticas ☐ Escritura	☐ Viernes divertido ☐ Viernes divertido
Semana 6 __/__/__ - __/__/__	☐ Matemáticas ☐ Escritura	☐ Matemáticas ☐ Lectura	☐ Matemáticas ☐ Escritura	☐ Matemáticas ☐ Lectura	☐ Viernes divertido ☐ Viernes divertido
Semana 7 __/__/__ - __/__/__	☐ Matemáticas ☐ Lectura	☐ Matemáticas ☐ Escritura	☐ Matemáticas ☐ Lectura	☐ Matemáticas ☐ Escritura	☐ Viernes divertido ☐ Viernes divertido
Semana 8 __/__/__ - __/__/__	☐ Matemáticas ☐ Escritura	☐ Matemáticas ☐ Lectura	☐ Matemáticas ☐ Escritura	☐ Matemáticas ☐ Lectura	☐ Viernes divertido ☐ Viernes divertido

Más diversión de viernes

Las actividades de "Friday Fun" que se encuentran en ese libro constituyen una forma lúdica de concluir una semana de aprendizaje al tiempo que brindan enriquecimiento en diversas áreas. Además de la página completa de actividades para los viernes, puedes incorporar los siguientes juegos y actividades interactivas para expandir el aprendizaje de tu hijo.

Escoge entre las siguientes actividades y utilízalas en el orden que consideres más apropiado. Si lo deseas, puedes registrar la fecha en que se realizó cada una de ellas. ¿Serán capaces de completar las 7 actividades juntos?

¿Qué viene después? __/__/__	Embárcate con tu hijo en una búsqueda de patrones por la casa, en la tienda, o en cualquier sitio. Busquen en las prendas de vestir, en los ladrillos, en los muebles, etc. Luego, ofrécele cuentas para niños, calcomanías, sellos, etc. con los que pueda construir sus propios patrones. Pídele que los explique.
¿Plumas o piel? __/__/__	Visita con tu hijo un zoológico o una tienda grande de mascotas. Pídele que elabore una lista con los animales que ve. Al regresar a casa, ayúdalo a clasificarlos en grupos basándose en características tales como: tipo de cobertura corporal, alimentos que conforman su dieta, lugar donde vive, etc. Comenten sobre los diferentes grupos y cuenten cuántos animales caben en cada categoría.
Fabrica un payaso __/__/__	En un trozo de cartulina dibuja un conjunto de formas (círculos, óvalos, triángulos, cuadrados) de diferentes tamaños. Córtalos. Reta a tu hijo a formar una imagen de algo que pueda verse en el circo. Pídele que atribuya un nombre a su obra y cuente una historia sobre la misma.
Línea de meta __/__/__	Use papel de construcción, marcadores y otros materiales para crear cintas de primer, segundo y tercer lugar en una carrera. Luego salga con familiares y amigos para hacer ejercicio, divertirse y competir amistosamente. Organice varias carreras en diferentes disciplinas: correr, saltar, caminar como un cangrejo, etc. Entregue cintas caseras a los participantes.
La herramienta correcta __/__/__	Prepara una zona de medición para brindar a tu hijo la oportunidad de utilizar herramientas de medida. Intenta incluir diferentes herramientas (cronómetro, reloj de cocina, regla, cinta métrica, tazas medidoras para líquidos y sólidos, balanza) y distintos elementos para medir (frutas, juguetes pequeños, agua, etc.).
Dibújalo __/__/__	Visiten un museo de arte y comenten acerca de las diferentes piezas que observan. ¿En qué se parecen? ¿En qué se diferencian? ¿Cuáles les gustan y cuáles no, y por qué? Tras la visita, elaboren su propia exhibición de arte en la banqueta. Utilicen tiza y tomen fotografías para capturar las obras.
¿Qué hay para la cena? __/__/__	Trabaja junto a tu hijo para planificar una comida nutritiva para toda la familia. Conversen acerca de los diferentes grupos de alimentos. Asegúrense que la comida incluya alimentos de cada uno de ellos. Deja que tu hijo participe en la planificación del menú, en la elaboración de la lista de compras y en la preparación de la comida.

Temas para el diario

Haga que su hijo elija uno de estos temas del diario dos veces por semana. En un diario o cuaderno, pídales que escriban algunas oraciones en respuesta al tema elegido. Recuérdeles que agreguen suficientes detalles para que otra persona que lea sus respuestas sepa lo siguiente sobre su tema:

🍦 Quién   🍦 Qué   🥤 Cuando   🐚 Dónde   🏖 Por qué   🍦 Cómo

Si lo deseas, puedes utilizar lo siguiente como herramienta de organización. Marca la fecha en que tu hijo completó cada consigna.

#1 Mi cumpleaños favorito Completo: _____	#2 Mi mejor amigo/a Completo: _____	#3 Qué vería si nada debajo del océano Completo: _____
#4 Mis últimas vacaciones Completo: _____	#5 Mi personaje ficticio preferido Completo: _____	#6 Un pregunta que desearía preguntar a un científico Completo: _____
#7 Qué oigo cuando salgo a caminar Completo: _____	#8 Mi comida preferida Completo: _____	#9 La clase de página de Internet que me gustaría crear Completo: _____
#10 El animal más raro Completo: _____	#11 Cómo me siento cuando recibo un regalo Completo: _____	#12 La mejor manera de animar a alguien cuando está triste Completo: _____
#13 Qué seria si pudiera ser un animal por un día Completo: _____	#14 Lo primero que pienso cuando pienso acerca del verano Completo: _____	#15 Lo que me olvido de hacer frecuentemente Completo: _____
#16 Lo que más extraño del invierno Completo: _____	#17 Lo mejor de un paseo en auto largo. Completo: _____	#18 El mejor postre del verano Completo: _____

Habilidades educativas

Estándares Educativos

Cada una de las actividades incluidas en *Summertime Learning: Prepare Your Child for First Grade* cumple con uno o más de los estándares educativos nacionales. Para conocer cómo se relacionan específicamente las actividades con los estándares básicos estatales, visita *http://www.teachercreated.com/standards*.

- Desplázate hacia abajo en la lista alfabética para encontrar la *Summertime Learning (2nd Edition)* series.

- Haz clic en **Standards** el link para acceder a TCR8841 Summertime Learning Grade 1 Standards.

Habilidades Introducidas y Reforzadas

Las actividades de *Summertime Learning: Prepare Your Child for First Grade* tienen como objetivo reforzar las habilidades aprendidas en el kindergarten, así como introducir otras nuevas que luego serán desarrolladas en el primer grado. Dichas habilidades se encuentran enumeradas a continuación, y en la página 11.

Habilidades de escritura

- Utiliza estrategias de escritura para diferentes propósitos y contextos

- Utiliza la escritura para describir personas conocidas, lugares, objetos y/o experiencias

- Escribe en una variedad de formas o géneros

- Escribe para una variedad de propósitos

- Escribe en forma de oraciones completas cuando se le indica

- Organiza el trabajo escrito

- Utiliza ilustraciones para ampliar el trabajo escrito

- Utiliza correctamente las diferentes partes del discurso incluyendo sustantivos, verbos, adjetivos y adverbios en las composiciones escritas

- Utiliza correctamente las reglas de ortografía, las mayúsculas y el punto final en las composiciones escritas

- Utiliza palabras descriptivas para expresar y ampliar ideas

- Utiliza letra legible y/o la computadora para publicar su trabajo

Habilidades educativas *(cont.)*

Habilidades Introducidas y Reforzadas *(cont.)*

Habilidades de lectura

- Utiliza claves fonéticas para decodificar palabras desconocidas
- Utiliza pistas de contexto para comprender el texto y realizar predicciones
- Comprende palabras de uso frecuente y vocabulario de lectura acordes a su nivel
- Utiliza distintas estrategias para comprender textos informativos
- Lee textos conocidos con fluidez y expresividad
- Comprende una variedad de pasajes y textos literarios
- Relaciona los eventos de una historia con sus experiencias personales

Habilidades de Matemáticas

- Utiliza una gran variedad de estrategias para comprender los problemas
- Realiza ilustraciones para representar los problemas
- Utiliza bloques y otros materiales manipulativos para representar los problemas
- Comprende diferentes representaciones numéricas (simbólicas, concretas y pictóricas)
- Comprende el concepto de unidad y cómo dividirla en partes iguales
- Comprende la diferencia fundamental entre los números pares y los impares
- Puede identificar la izquierda y la derecha
- Cuenta, suma y resta números enteros
- Comprende cuándo es necesario sumar y cuándo restar para resolver un problema
- Puede completar o extender patrones simples
- Comprende las similitudes y las diferencias entre formas geométricas simples
- Comprende cómo recolectar información y utilizarla para crear un gráfico
- Comprende las medidas básicas de longitud, amplitud, altura, peso y temperatura
- Comprende el concepto del tiempo y cómo medirlo

Count, Write, Name

Directions: How many pictures do you see in each box? Count them and write the numeral. Also write the number name. Use the Word Bank to help you with spelling. The first answer is written for you.

Instrucciones: Cuente las imágenes observas en cada recuadro y escribe el símbolo numeral correspondiente. Escribe también el nombre del número. Utiliza el "Word Bank" para ayudarte a deletrear. Se da la primera respuesta.

Word Bank	one	three	five	seven
	two	four	six	eight

1.

Numeral
6

Number Name
six

5.

Numeral

Number Name

2.

Numeral

Number Name

6.

Numeral

Number Name

3.

Numeral

Number Name

7.

Numeral

Number Name

4.

Numeral

Number Name

8.

Numeral

Number Name

Words in a Family

Directions: Say the name of each picture. Write the word's beginning sound. Read all the words in each word family aloud. The first answer is written for you.

Instrucciones: Nombra cada una de las imágenes. Escribe el sonido inicial de la palabra. Lee en voz alta las palabras de cada familia. La primera respuesta se encuentra dada.

1. an	f an	__an	__an
2. in	__in	__in	__in
3. et	__et	__et	__et
4. op	__op	__op	__op

Counting Clothes

Directions: Count how many objects are in each set. Write the number in the box. The first answer is written for you.

Instrucciones: Enumera cuántos objetos hay en cada conjunto. Escribe el número correspondiente en el casillero. La primera respuesta se encuentra dada.

1. | 10 |

2. | |

3. | |

4. | |

5. | |

6. | |

7. | |

8. | |

Describe It

Directions: Look at each picture. Use the Word Bank to find the word that best describes the picture. Write the word on the line under the picture.

Instrucciones: Observa cada una de las imágenes. Utiliza el "Word Bank" para encontrar la más adecuada para describirla. Escríbela en el renglón que se encuentra debajo.

Word Bank	~~big~~	hot	round	wet
	fast	quiet	three	yellow

1.

big

2.

3.

4.

5.

Shhhh

6.

7.

8.

Showing Addition

Directions: Count the objects in each box. Write a number sentence to go with each set of pictures.

Instrucciones: Enumera los objetos presentes en cada recuadro. Escribe una oración numérica para cada conjunto de imágenes.

1.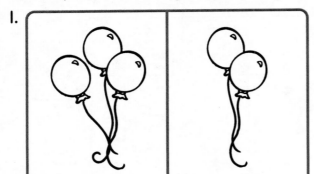

$$3 + 2 = 5$$

4.

____ + ____ = ____

2.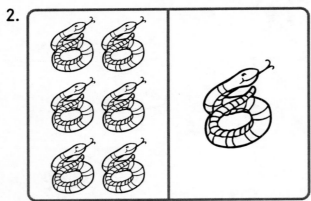

____ + ____ = ____

5.

____ + ____ = ____

3.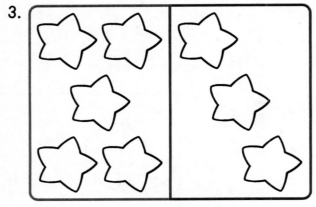

____ + ____ = ____

6.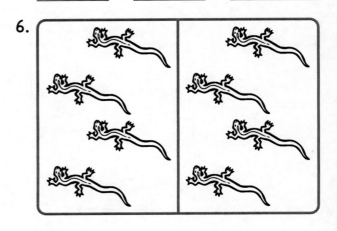

____ + ____ = ____

Missing Letters

Directions: Look at the pictures and say the words. Write the missing letters to spell the word. The first answer is written for you.

Instrucciones: Observa las imágenes y nómbralas. Escribe las letras que faltan a cada palabra. La primera respuesta se encuentra dada.

1. c a t	6. __ i __
2. __ u __	7. __ o __
3. __ e __	8. __ o __
4. __ e __	9. __ u __
5. __ i __	10. __ u __

Count the Animals

Directions: Count each type of animal and fill in the graph. The first row is filled in for you. Then, answer the questions below the graph.

Instrucciones: Enumera cuántos hay de cada tipo y completa el gráfico. La primera fila ha sido rellenada. Luego, responde las preguntas que se encuentran bajo el gráfico.

	1	2	3	4	5	6
pigs						
cows						
sheep						
chickens						
dogs						

1. Which animal is there the most of? ______________________________

2. How many more sheep are there than dogs? ______________________________

3. How many animals are there in all? ______________________________

Who I Am

Directions: Answer each question.

Instrucciones: Responde cada una de las preguntas.

What is your name?

_____

When is your birthday?

_____

What is your favorite color?

_____

How old are you?

_____

What is your favorite food?

_____

How many brothers and sisters do you have? Write your answer as a complete sentence.

_____

_____

Penguin Poems

Directions: Read each penguin poem below. Fill in each blank with a word that rhymes and makes sense.

Instrucciones: Lee cada uno de los poemas sobre los pingüinos. Completa los espacios en blanco con una palabra que rime y tenga sentido.

1.

I like penguins.

I like their looks.

I like to read

About them in _____ .

2.

I like penguins wet,

I like penguins dry,

I'd like to watch one

Try to _____ .

3.

Penguins are cute

And lots of fun.

They can walk

But they can't _____ .

4.

Penguins eat fish

And swim a lot,

The penguin's home

Is never _____ .

5.

In the sea is where

Penguins like to play,

So please, Mr. Hunter,

Stay _____ .

6.

Being a good swimmer

Is what a penguin is meant to be

Swimming in the ocean

Swimming in every _____ .

What Comes Next?

Directions: Complete each pattern. In the blank box, draw what would come next.

Instrucciones: Completa cada uno de los patrones. En el casillero en blanco dibuja el elemento que seguiría a continuación.

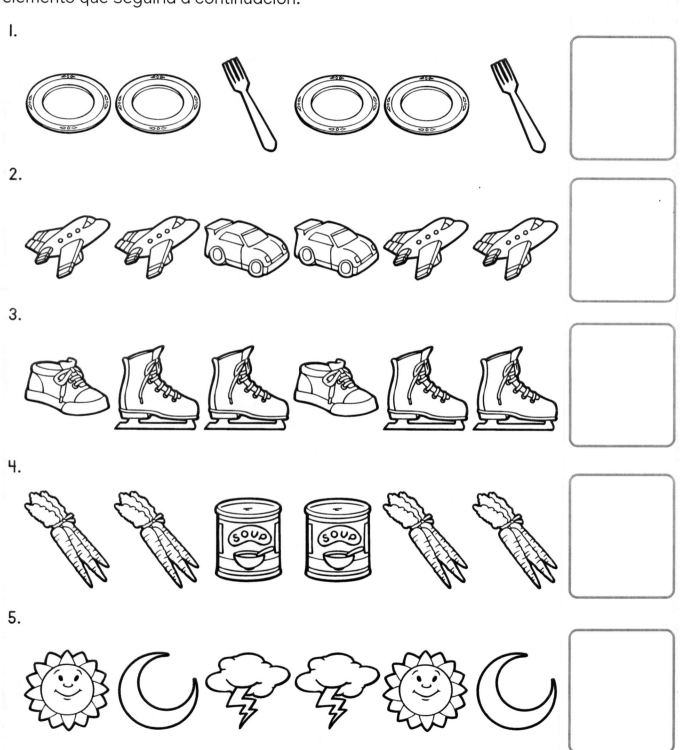

Take It Away

Directions: The greater number in each row tells how many dinosaurs there are in the group. Counting backward, cross out one dinosaur at a time until you reach the lesser number on the right. In the blank square, write the number of dinosaurs you crossed out.

Instrucciones: El número mayor de cada fila expresa cuántos dinosaurios hay en el conjunto. Cuenta hacia atrás, tachando un dinosaurio a la vez hasta que alcances el número menor que figura a la derecha. En el casillero en blanco escribe cuántos dinosaurios tachaste.

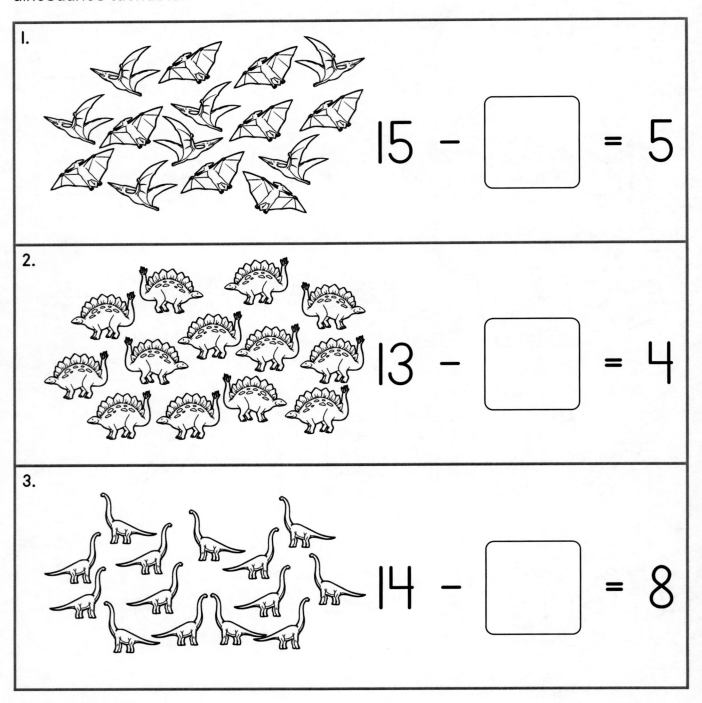

1. $15 - \boxed{} = 5$

2. $13 - \boxed{} = 4$

3. $14 - \boxed{} = 8$

Action Words

Directions: Read the sentence. Underline the word that shows what someone or something does or did. Then, write the underlined word on the line.

Instrucciones: Lee la oración. Subraya aquella palabra que muestre lo que alguien o algo hace o hizo. Luego, escribe la palabra subrayada en el renglón.

1. The dog <u>chased</u> the cat.   chased

2. The stars twinkle in the sky.   _____

3. The children watched the parade.   _____

4. My brother set the table.   _____

5. I swim like a fish.   _____

6. The bird sings a pretty song.   _____

7. You eat the last piece.   _____

8. The player threw the ball.   _____

Now draw a picture of one of the sentences from above. Circle the sentence you chose to draw.

Groups of Two

Directions: Follow the direction given to draw the missing pictures. Then, count in groups of two to find out how many pictures you drew altogether. Write this number in the circle.

Instrucciones: Sigue la indicación dada para dibujar lo que falta en cada imagen. Luego, cuenta en grupos de dos y descubre cuántos elementos dibujaste en total. Escribe el número correspondiente en el círculo.

Draw 2 toppings on each pizza.

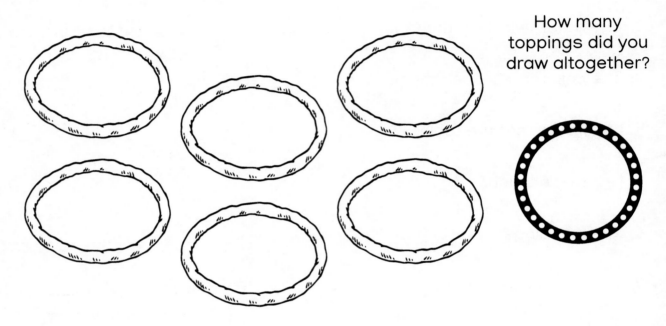

How many toppings did you draw altogether?

Draw 2 ice cubes in each glass.

How many ice cubes did you draw altogether?

Middle Sounds

Directions: Say the name of each picture. Write the letter of its middle sound.

Instrucciones: Nombra cada una de las imágenes. Escribe la letra que corresponde con el sonido intermedio de la palabra.

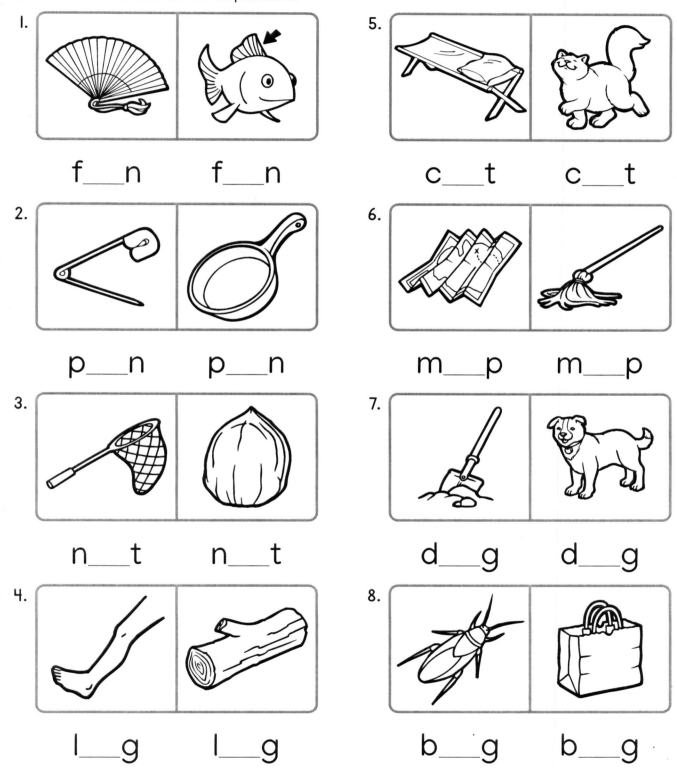

1. f__n   f__n

2. p__n   p__n

3. n__t   n__t

4. l__g   l__g

5. c__t   c__t

6. m__p   m__p

7. d__g   d__g

8. b__g   b__g

Shade the Shapes

Directions: Follow the directions to color parts of each shape.

Instrucciones: Sigue las indicaciones para colorear partes de cada forma.

1. Color $\frac{1}{2}$ blue.

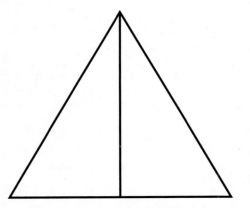

4. Color $\frac{1}{3}$ red.

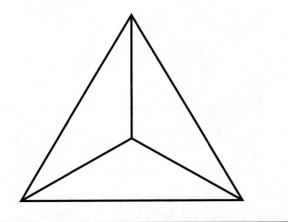

2. Color $\frac{1}{4}$ red.

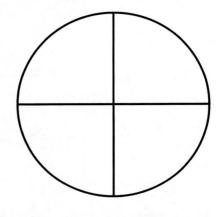

5. Color $\frac{1}{2}$ green.

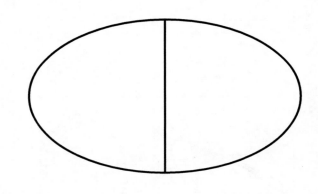

3. Color $\frac{1}{3}$ green.

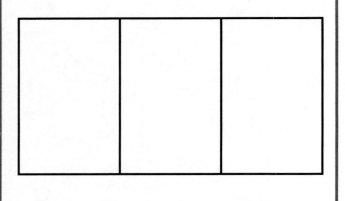

6. Color $\frac{1}{4}$ blue.

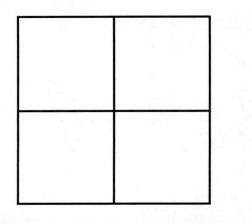

Set It Straight

Directions: The parts of the story are all mixed up! Write the story in the correct order on the lines below. Start by finding the story's title and putting it first.

Instrucciones: ¡Las partes de la historia se encuentran mezcladas! Escribe la historia en el orden correcto en los renglones que figuran debajo. Comienza por ubicar el título y escríbelo en primer lugar.

Then, I looked under the table.	First, I looked under my bed.
I found her in the closet!	This morning, my cat got lost.
Finally, I looked in the closet.	The Lost Cat

Leap Frog

Directions: Start at **0** and jump all the way to the first number. Then, count on to match the second number by making small jumps. The number you land on is your answer.

Instrucciones: Comienza por el **0** y realiza un gran salto hasta el primer número. Luego, cuenta hacia adelante para llegar al segundo número dando pequeños saltitos. El número en que aterrices constituye tu respuesta.

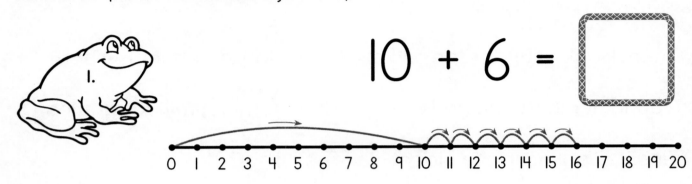

1. $10 + 6 =$ ☐

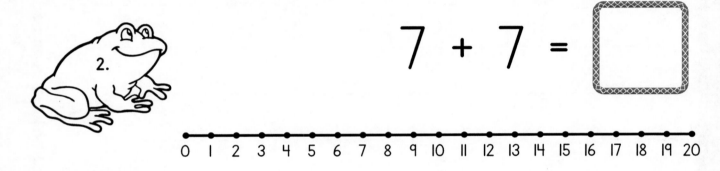

2. $7 + 7 =$ ☐

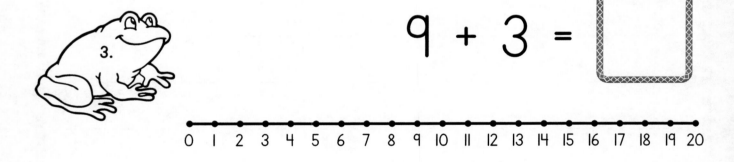

3. $9 + 3 =$ ☐

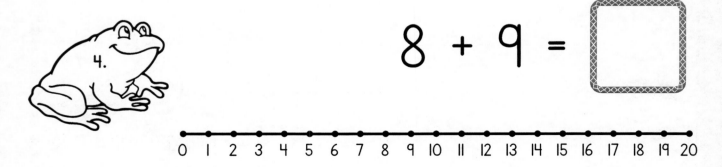

4. $8 + 9 =$ ☐

Three of the Same

Directions: Look at each set of titles. The same word is missing in all three. Write the missing word on the lines. Use the Word Bank to help you with spelling.

Instrucciones: Observa cada conjunto de títulos. En los tres falta la misma palabra. Escríbela en los renglones. Utiliza el "Word Bank" para ayudarte a deletrear.

Word Bank	Baby	Little	Old	Three

1. _____ Bo Peep

   _____ Boy Blue

   _____ Red Riding Hood

2. The _____ Little Pigs

   The _____ Bears

   The _____ Billy Goats Gruff

3. Rock-a-bye _____

   Bye, Bye _____ Bunting

   Hush, Little _____

4. _____ Mother Hubbard

   This _____ Man

   The _____ Woman in the Shoe

It Belongs

Directions: Color the items in each group that belong together. Put an **X** on the item that does not belong. In the box on the right, draw one more thing that would belong with the items you colored.

Instrucciones: Colorea los elementos de cada grupo que van juntos. Dibuja una **X** sobre el que no pertenece. En el casillero de la derecha, añade un elemento que pertenezca al conjunto de los elementos coloreados.

I.

Draw one more here.

2.

Draw one more here.

3.

Draw one more here.

Cover Me

Directions: For each animal, circle the type of body covering it has. Use the clues at the bottom of the page. Then draw two more animals that have that same type of body covering.

Instrucciones: Para cada animal encierra en un círculo su tipo de cobertura corporal. Puedes utilizar las pistas que se encuentran al final de la página. Luego, dibuja otros dos animales que posean el mismo tipo de cobertura corporal.

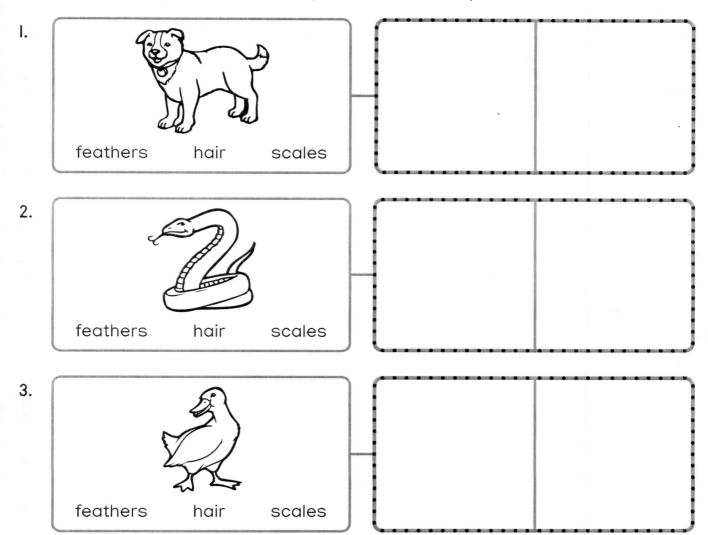

1.

feathers   hair   scales

2.

feathers   hair   scales

3.

feathers   hair   scales

Helpful Clues:

- Many mammals have hair. Dogs, cats, horses, cows, and apes are examples of mammals.
- Many reptiles and fish have scales.
- Most birds have feathers.

Telling Time

Directions: Look at the number the small hand (hour hand) is pointing to on each clock. Circle the number. Then, write that number on the line below each clock to tell the time. The first one is done for you.

Instrucciones: Observa el número que señala la aguja pequeña (indica la hora) en cada uno de los relojes. Enciérralo en un círculo. Luego, escríbelo en el renglón que se encuentra bajo cada reloj para indicar qué hora es. La primera respuesta se encuentra dada.

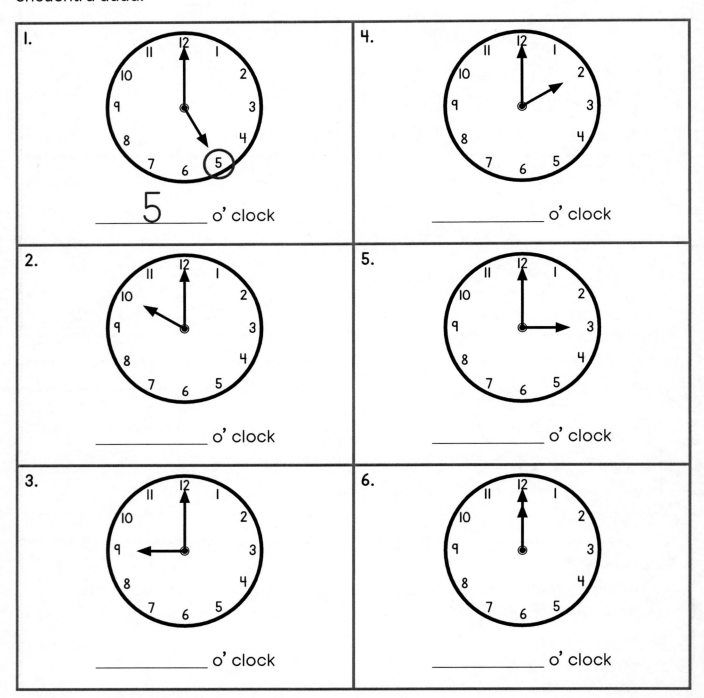

1. _____5_____ o' clock

2. _____ o' clock

3. _____ o' clock

4. _____ o' clock

5. _____ o' clock

6. _____ o' clock

Yes or No?

Directions: Read each sentence. Circle **yes** if it is true. Circle **no** if it is not true.

Instrucciones: Lee cada una de las oraciones. Encierra **"yes"** en un círculo si es verdadera. Encierra **"no"** si no lo es.

1. You can pet a cat. yes　　　　no	6. A bus has a hand. yes　　　　no
2. A hen has a fin. yes　　　　no	7. A dog can jump on a bed. yes　　　　no
3. An ox can fit in a pot. yes　　　　no	8. A kid can sit on a rug. yes　　　　no
4. A jet can dig. yes　　　　no	9. A hog can mop. yes　　　　no
5. A pen can jog. yes　　　　no	10. Ten is less than six. yes　　　　no

Sea Subtraction

Directions: Write a number sentence to go with each picture. The first answer is written for you.

Instrucciones: Escribe una oración numérica para cada imagen. La primera respuesta se encuentra dada.

1.

$$\underline{5} - \underline{2} = \underline{3}$$

4.

_____ - _____ = _____

2.

_____ - _____ = _____

5.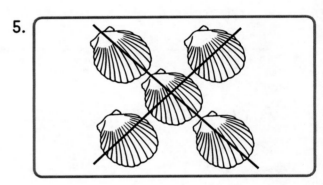

_____ - _____ = _____

3.

_____ - _____ = _____

6.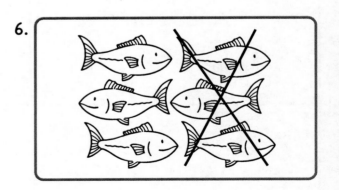

_____ - _____ = _____

First Words

Directions: Practice capitalizing the first word in each sentence by writing it on the line.

Instrucciones: Practica el uso de mayúsculas en la primera palabra de cada oración escribiéndola en el renglón.

1. _____ mom took me shopping.
   my

2. _____ we play now?
   can

3. _____ like to eat pizza.
   i

4. _____ are going to the movies.
   we

Directions: Use words from the Word Bank to complete each sentence. Remember to capitalize the first word in a sentence.

Instrucciones: Utiliza el "Word Bank" para completar cada una de las oraciones. Recuerda escribir la primera palabra con mayúscula.

Word Bank

are
her
she
there

5. _____ helped me bake a cake.

6. _____ are eggs in the nest.

7. _____ you coming with us?

8. _____ favorite color is yellow.

Tick-Tock Clock

Directions: Read the digital time shown below each clock. Then, draw an hour hand and a minute hand on each clock to show the same time. The first answer is given.

Instrucciones: Lee la hora digital que se encuentra bajo cada reloj. Luego, dibújales una aguja para la hora y una para los minutos que indiquen ese mismo horario. La primera respuesta se encuentra dada.

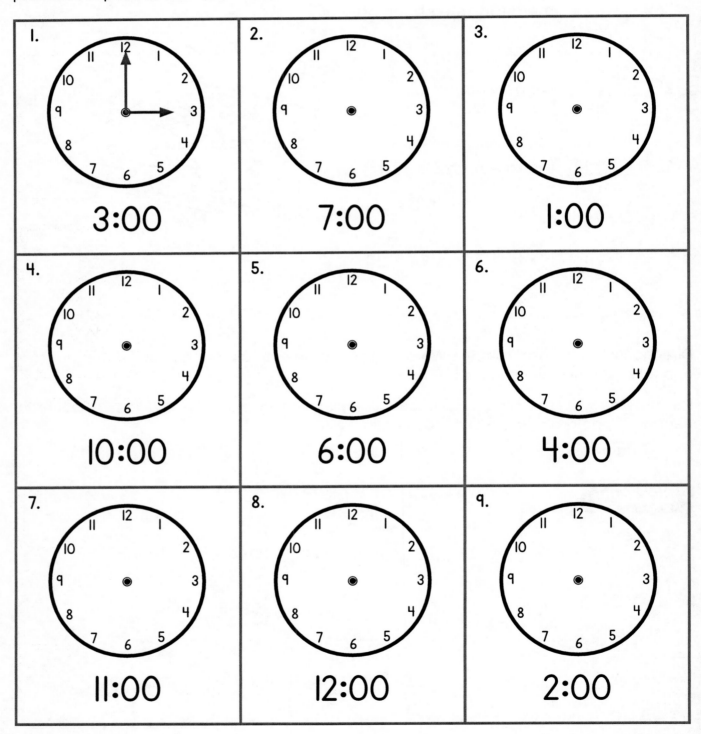

1. 3:00
2. 7:00
3. 1:00
4. 10:00
5. 6:00
6. 4:00
7. 11:00
8. 12:00
9. 2:00

Two Meanings

Directions: Look at each pair of pictures. Write a word that names both pictures. Use the words from the Word Bank to help you.

Instrucciones: Observa cada par de imágenes. Escribe una palabra que nombre a ambas. Utiliza el "Word Bank" para ayudarte.

Word Bank	bat	bowl	pot	saw

1. _____

2. _____

3. _____

4. _____

Counting the Days

Directions: Use the Days of the Week chart to help you answer the questions below.

Instrucciones: Utiliza el gráfico "Days of the Week" para responder a las preguntas.

1. Today is Thursday. Kyle's party is in three days. What day is the party on?

   _____

2. Yesterday was Sunday. Tomorrow will be Tuesday. What day is it today?

   _____

3. The circus is on Friday. Today is Tuesday. How many days until the circus?

   _____

4. Today is Wednesday. Allison went to karate yesterday, and she will go again tomorrow. What days does Allison go to karate?

   _____

5. Brady has soccer practice on Tuesday. His game is four days later. What day is his game?

   _____

Buggy Sentences

Directions: Complete the sentences below. Then create your own sentence. Use the words and pictures to help you.

Instrucciones: Completa las oraciones. Luego, inventa una propia. Utiliza las palabras y las imágenes para ayudarte.

cricket

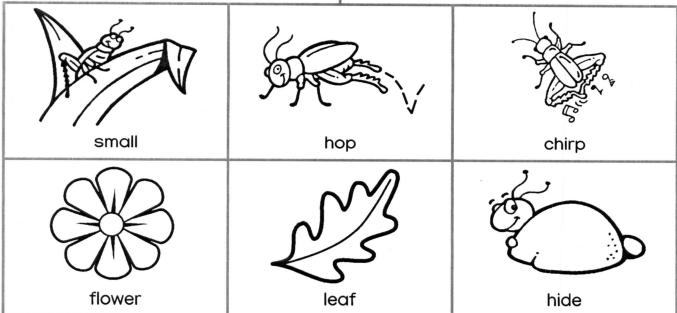

| small | hop | chirp |
| flower | leaf | hide |

1. The cricket is _____.

2. The cricket can _____.

3. The cricket _____.

4. _____.

Hot and Cold

Directions: Look at each word. Write its opposite. Use the Word Bank to help you.

Instrucciones: Observa cada una de las palabras. Escribe su opuesto. Utiliza el "Word Bank" para ayudarte.

1. hot _____

2. dark _____

3. off _____

4. over _____

5. high _____

6. in _____

7. far _____

8. curly _____

9. up _____

10. happy _____

11. clean _____

12. tall _____

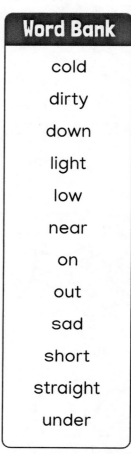

Word Bank

cold
dirty
down
light
low
near
on
out
sad
short
straight
under

Now You Try! Write your own pair of opposites.

_____ is the opposite of _____.

Create a Clown

Directions: Follow the directions below to draw a picture of a clown.

Instrucciones: Sigue las indicaciones para dibujar un payaso.

1. Draw a circle for the head.

2. Draw an oval below the circle for the body.

3. Draw a triangle above the head for the hat.

4. Draw two vertical rectangles below the oval for the legs.

5. Draw two horizontal rectangles, one on the left side of the oval and one on the right side. These are the arms.

6. Draw hands, shoes, and a face. Add other details to the clown picture, such as balloons.

Add Them Up

Directions: Solve the problems.

Instrucciones: Resuelve los problemas.

1. Cheryl has 5 marbles. Cindy has 2 more marbles than Cheryl. How many marbles does Cindy have?

Cindy has _____ marbles.

2. Henry has 4 stamps. Eric has 5 more stamps than Henry. How many stamps does Eric have?

Eric has _____ stamps.

3. Gabby bought 1 pack of gum. Bobby bought 3 more packs of gum than Gabby. How many packs of gum did Bobby buy?

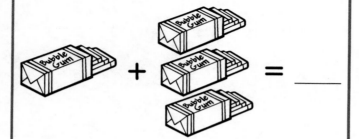

Bobby bought _____ packs of gum.

4. Ana has 1 puzzle. Deanna has 5 more puzzles than Ana. How many puzzles does Deanna have?

Deanna has _____ puzzles.

Match the Groups

Directions: Match the groups of words to make complete sentences. Write the sentences on the lines below. The first answer is written for you.

Instrucciones: Une los conjuntos de palabras para formar oraciones completas. Escríbelas en los renglones. La primera respuesta se encuentra dada.

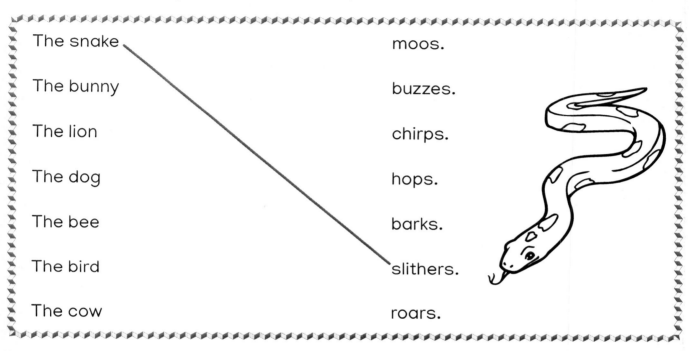

The snake   moos.

The bunny   buzzes.

The lion   chirps.

The dog   hops.

The bee   barks.

The bird   slithers.

The cow   roars.

1. The snake slithers.

2. _____

3. _____

4. _____

5. _____

6. _____

7. _____

Missing Numbers

Directions: Fill in the numbers to help Phil get home. Write the missing numbers from 0 to 100.

Instrucciones: Completa los números que faltan del 0 al 100 para ayudar a Phil a llegar a su casa.

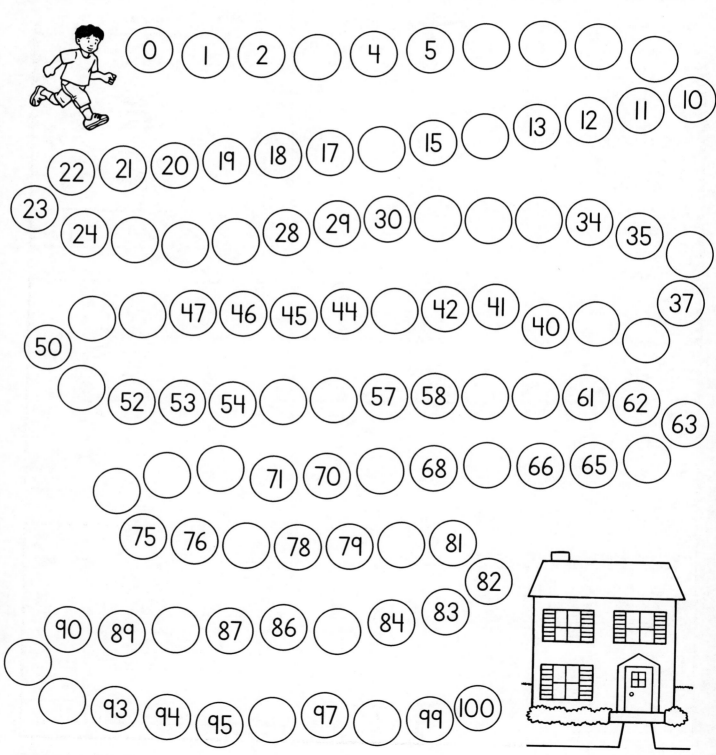

Name the Vowel

Directions: Say the name of each picture. Color the box with the letter that matches the short vowel sound. The first answer is given.

Instrucciones: Nombra cada una de las imágenes. Colorea el casillero con la letra que corresponda con el sonido de vocal corta de la palabra. La primera respuesta se encuentra dada.

1.
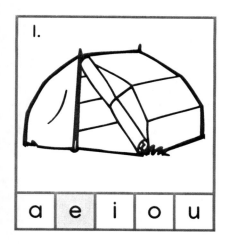
a e i o u

2.

a e i o u

3.

a e i o u

4.

a e i o u

5.

a e i o u

6.

a e i o u

7.

a e i o u

8.

a e i o u

9.

a e i o u

Subtract Them

Directions: Solve the problems.

Instrucciones: Resuelve los problemas.

1. There are 8 chicks. If 2 run away, how many would be left?

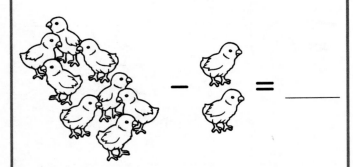

There would be _____ chicks left.

2. There are 10 owls. If 9 fly away, how many would be left?

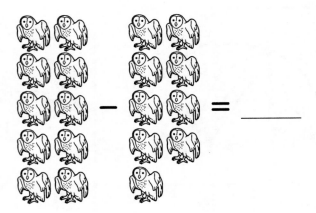

There would be _____ owl left.

3. Noel saw 9 bats sleeping in the hay loft. If 3 of them wake up, how many bats would still be sleeping?

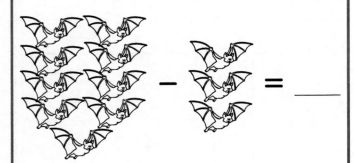

There would be _____ bats sleeping.

4. Tim has 9 ducks. If 2 ducks waddle away, how many ducks would Tim have left?

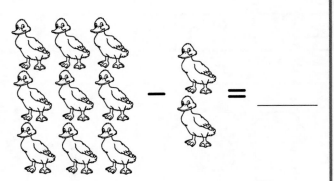

Tim would have _____ ducks left.

How It's Done

Directions: There are some things you do all the time. You just know how to do them. Name three things that you really know how to do.

Instrucciones: Hay ciertas acciones que llevas a cabo de manera continua. Simplemente sabes cómo hacerlo. Nombra tres de ellas.

1. _____

2. _____

3. _____

Choose one thing from your list. Tell someone else how to do your thing in four simple steps.

How to _____

First, _____

_____

_____.

Next, _____

_____

_____.

Then, _____

_____

_____.

Finally, _____

_____

_____.

Shape Riddles

Directions: Use the shapes to solve the riddles.

Instrucciones: Utiliza las formas para resolver los acertijos.

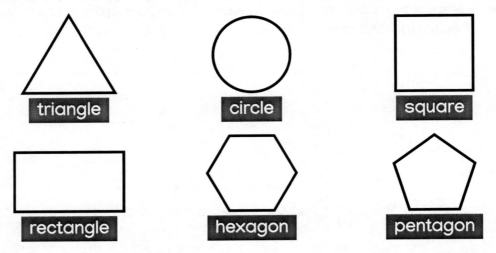

triangle   circle   square

rectangle   hexagon   pentagon

I. I have 3 sides and 3 corners. Which shape am I? _____	**4.** I have 5 sides and 5 corners. Which shape am I? _____
2. I have 6 sides and 6 corners. Which shape am I? _____	**5.** I have 2 long sides, 2 short sides, and 4 corners. Which shape am I? _____
3. I do not have any corners. Which shape am I? _____	**6.** I have 4 corners and 4 equal sides. Which shape am I? _____

Short or Long?

Directions: Say the name of each picture. On the line, print the vowel sound that you hear. Fill in the bubble to show if the vowel is short or long.

Instrucciones: Nombra cada una de las imágenes. Escribe el sonido de vocal que has escuchado en el renglón. Rellena la burbuja para determinar si se trata de una vocal larga o de una corta.

1. Vowel Sound: __i__ This sound is ○ short ● long	2. Vowel Sound: _____ This sound is ○ short ○ long	3. Vowel Sound: _____ This sound is ○ short ○ long
4. Vowel Sound: _____ This sound is ○ short ○ long	5. Vowel Sound: _____ This sound is ○ short ○ long	6. Vowel Sound: _____ This sound is ○ short ○ long
7. Vowel Sound: _____ This sound is ○ short ○ long	8. Vowel Sound: _____ This sound is ○ short ○ long	9. Vowel Sound: _____ This sound is ○ short ○ long

From the Sun

Directions: Mercury is the closest planet to the Sun. It is the first planet from the Sun. Use this drawing to answer the questions below. Circle each correct answer.

Instrucciones: Mercurio es el planeta más cercano al sol. Se encuentra primero a partir del sol. Utiliza la imagen para responder a las preguntas que se encuentran debajo. Encierra en un círculo cada respuesta correcta.

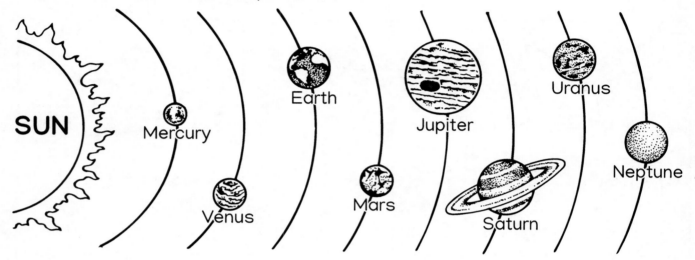

1. Which planet is the 3rd planet from the Sun?

    Earth   Mars

2. Which planet is farthest from the Sun?

    Uranus   Neptune

3. Which planet is between Mars and Saturn?

    Earth   Jupiter

4. Next-door neighbors are people who live on either side of your house. Which two planets are Earth's next-door neighbors? Circle the correct two planets.

Jupiter	Mercury	Saturn	Venus
Mars	Neptune	Uranus	

5. Look back at the picture. Color the planet that is the 6th planet from the Sun.

Finish Line

Directions: Color the cars. Then, write the color of the car to show the place in which each will finish the race.

Instrucciones: Colorea cada uno de los autos. Luego, escribe su color para mostrar en qué posición finalizará la carrera.

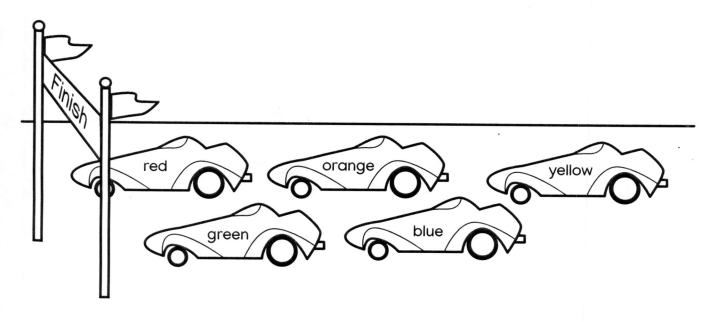

1. First _____

4. Second _____

2. Third _____

5. Last _____

3. Fifth _____

6. Fourth _____

7. What color is the car before the green car? _____

8. What color is the car after the blue car? _____

9. What color is the car after the red car? _____

10. What color is the car before the yellow car? _____

Blast Off!

Directions: Solve each problem. Then, color the puzzle.

Instrucciones: Resuelve cada uno de los problemas. Luego, colorea el rompecabezas.

| 5 = blue | 6 = red | 7 = gray | 8 = yellow |

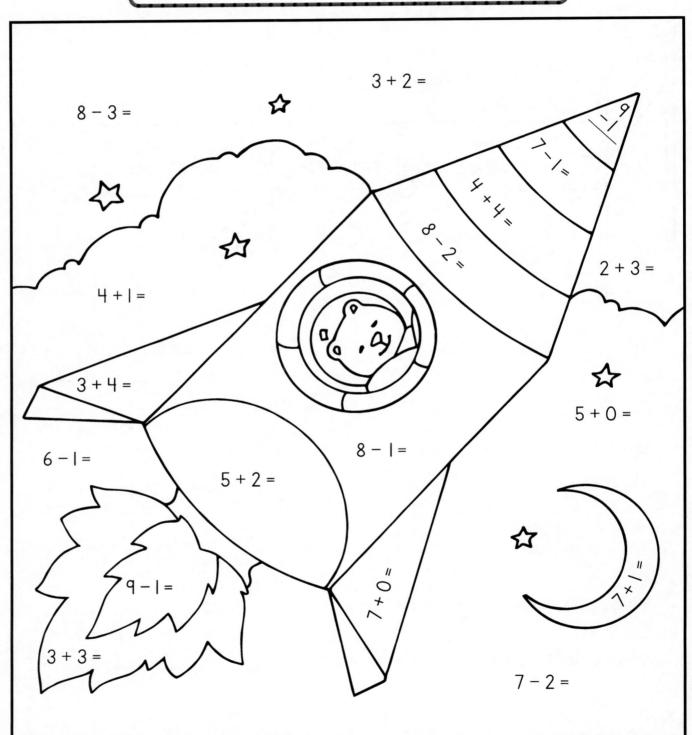

$3 + 2 =$

$8 - 3 =$

$1 - 9$

$7 - 1 =$

$4 + 4 =$

$8 - 2 =$

$2 + 3 =$

$4 + 1 =$

$3 + 4 =$

$8 - 1 =$

$5 + 0 =$

$6 - 1 =$

$5 + 2 =$

$9 - 1 =$

$7 + 0 =$

$7 + 1 =$

$3 + 3 =$

$7 - 2 =$

Choose the Right One

Directions: Which sentence matches the picture? Put a check in the box next to the correct sentence.

Instrucciones: ¿Cuál de ellas corresponde con la imagen? Marca con un tic el casillero que se encuentra junto a la oración correcta.

1.

The spider sees a fly. ☐

The spider has one eye. ☐

2.

The rats taint a picture. ☐

The rats paint a picture. ☐

3.

The kid spits beads. ☐

The kid spits seeds. ☐

4.

He dug in the sand. ☐

He dug in a band. ☐

Ten at a Time

Directions: Count the bees. Write the number in the top box. Then, draw a line around each group of 10 bees. In the bottom box, write how many groups of 10 there are in total.

Instrucciones: Cuenta las abejas. Escribe el número en el casillero superior. Luego, dibuja una línea alrededor de cada conjunto de 10 abejas. En el casillero inferior, escribe cuántos conjuntos de 10 abejas hay en total.

How many bees?

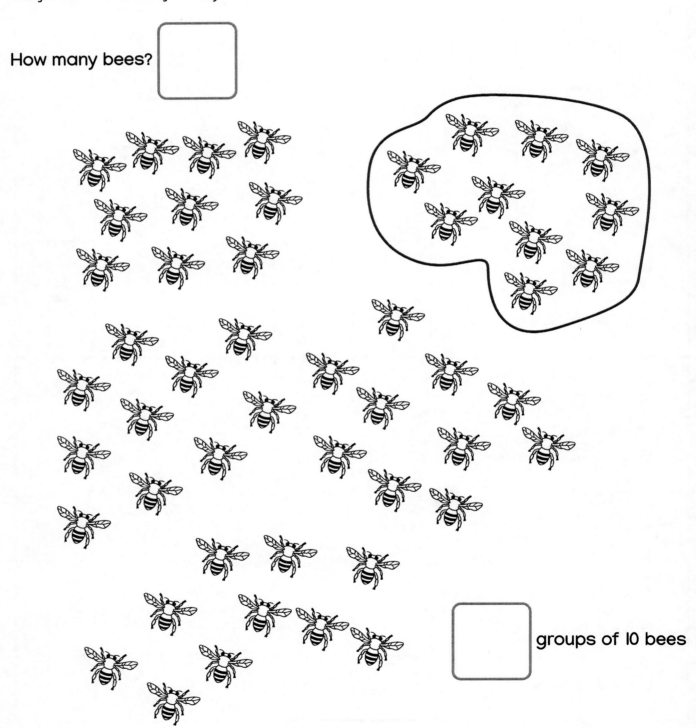

groups of 10 bees

Describing Words

Directions: Each sentence below needs a describing word. For each one, choose the best word from the Word Bank. Write the word on the blank in the sentence. Only use each word once.

Instrucciones: Cada una de las oraciones necesita una palabra descriptiva. Escoge la palabra más apropiada del "Word Bank". Escríbela en el espacio en blanco de la oración. Utiliza cada palabra sólo una vez.

Word Bank	fresh	large	rusty
	fuzzy	loud	tall
	hungry	old	windy

1. The _____ cat was very soft.

2. The _____ dog ate all his food.

3. Did you see the _____ giraffe?

4. I cannot hear anything over that _____ music!

5. The _____ day was perfect for flying kites.

6. The _____ soda was too much for me to drink.

7. I can smell the _____ flowers in the garden.

8. The _____, _____ canoe had a leak.

Add or Subtract?

Directions: Read each problem below. If you would add to solve the problem, circle **add**. If you would subtract, circle **subtract**.

Instrucciones: Lee cada uno de los problemas. Si para resolverlo realizarías una suma, encierra en un círculo la palabra **"add"**. Si para resolverlo realizarías una resta, encierra **"subtract"**.

---

1. I had 4 green apples. Jamie gave me 1 red apple. How many apples do I have in all?

add　　　**subtract**

---

2. Gary found 1 yellow apple on the ground. He found 1 green apple on the fence. How many apples did Gary find in all?

add　　　**subtract**

---

3. Miranda bought 3 small apples and 1 large apple. How many apples did Miranda buy in all?

add　　　**subtract**

---

4. Charlie picked 4 apples. He gave 2 of them away. How many apples does Charlie have now?

add　　　**subtract**

Rhyme Time

Directions: Change the beginning sound of the underlined word to make a new word that completes the sentence. Use the correct word from the Word Bank.

Instrucciones: Cambia el sonido inicial de la palabra subrayada para formar una nueva palabra que complete la oración. Utiliza la palabra correcta del "Word Bank".

Word Bank					
	dig	fish	goat	man	sun
	dog	get	hat	sad	ten

1. The <u>cat</u> wore a _____.

2. The _____ went for a <u>jog</u>.

3. We had <u>fun</u> in the _____.

4. What did you _____ in the <u>net</u>?

5. A _____ had a <u>fan</u>.

6. The <u>pig</u> began to _____.

7. The <u>dad</u> was very _____.

8. There were _____ <u>men</u>.

9. I <u>wish</u> I had a _____.

10. The _____ ate my <u>coat</u>.

Just for Fun

Draw a picture of one of the sentences you just made.

Using a Ruler

Directions: Measure the objects below, using a ruler. Write the measurement of each object to the nearest inch.

Instrucciones: Mide los siguientes objetos con una regla. Escribe su medida redondeándola al "inch" más cercano.

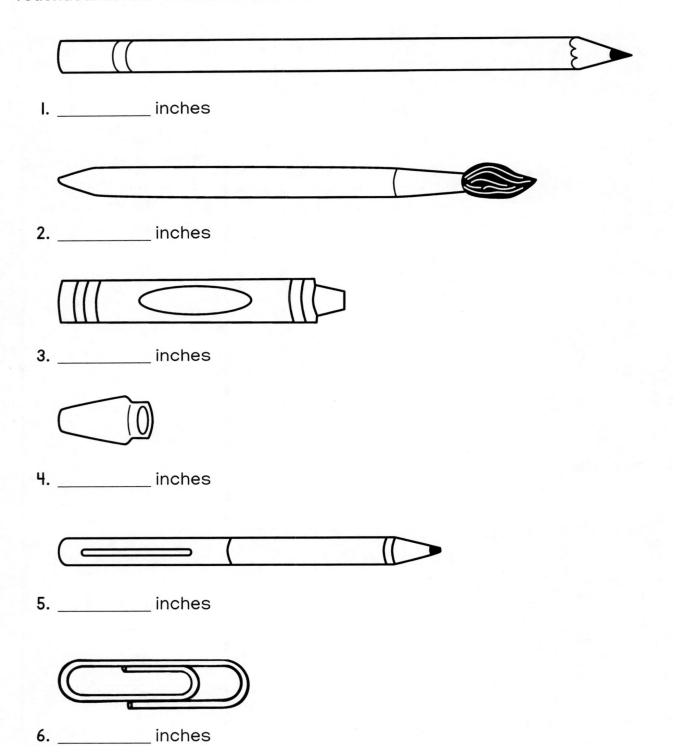

1. _____ inches

2. _____ inches

3. _____ inches

4. _____ inches

5. _____ inches

6. _____ inches

Just Tell Me

Directions: Write a statement for each situation below. Use a capital letter at the beginning and a period at the end. The first one has been started for you.

Instrucciones: Escribe un enunciado para cada una de las situaciones. Utiliza una mayúscula al inicio y un punto al final. El comienzo del primer enunciado se encuentra dado.

What to Know   **Statements** are telling sentences. They tell the reader something.

1. Write a statement that tells which toy is your favorite.

   My favorite toy is _____

   _____

2. Write a statement that tells what your favorite toy looks like.

   _____

   _____

   _____

3. Write a statement that tells what your favorite toy does.

   _____

   _____

   _____

4. Write a statement that tells how you got your favorite toy.

   _____

   _____

Name Poem

Directions: Write your name vertically in the boxes below. Then, write a word or phrase that begins with each letter in your name.

Instrucciones: Escribe tu nombre de forma vertical en los casilleros. Luego, escribe una palabra o frase que comience con cada letra de tu nombre.

Example:

A	Always nice
B	Better at soccer than basketball
E	Extra smart

60

Which Comes First?

Directions: Look at each set of words. Circle the word that comes first in alphabetical order. Draw a picture of that word.

Instrucciones: Observa cada conjunto de palabras. Encierra en un círculo la palabra que iría en primer lugar según el orden alfabético. Realiza un dibujo de la misma.

1. chicken egg	**2.** horse car
3. cherry apple banana	**4.** flower garden bug
5. cake coat clock	**6.** two three twelve

Groups of Five

Directions: Count how many koalas there are below. Write this number at the top. Draw a line around each group of 5 koalas. How many groups have you made? Write this number in the square at the bottom.

Instrucciones: Enumera cuántos koalas hay en total. Escribe el número correspondiente en el casillero superior. Dibuja una línea alrededor de cada conjunto de 5 koalas. ¿Cuántos conjuntos has formado? Escribe el número en el casillero inferior.

How many koalas?

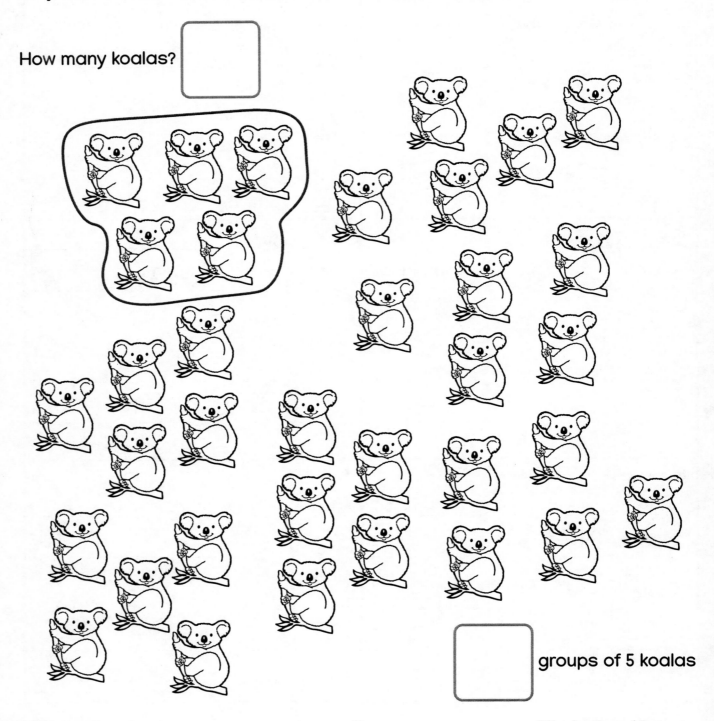

groups of 5 koalas

Just Ask Me

Directions: Write a question for each situation below. Use a capital letter at the beginning and a question mark at the end. The first one has been done for you.

Instrucciones: Escribe una pregunta para cada una de las situaciones. Utiliza una letra mayúscula al comienzo y signo de pregunta al comienzo y al final. La primera pregunta se encuentra dada.

What to Know | A **question** is a sentence that asks for information and needs an answer from the reader or listener.

1. Write a question that asks what your family is having for lunch.

   <u>What are we having for lunch?</u>

2. Write a question that asks when you may eat lunch.

   _____

   _____

3. Write a question that asks if you may trade one food item.

   _____

   _____

4. Write a question that asks what you may drink with lunch.

   _____

   _____

5. Write a question that asks what you may do after lunch.

   _____

   _____

Solve It

Directions: Solve the problems below. Show your work.

Instrucciones: Resuelve los problemas. Demuestra el trabajo realizado.

1. Stacy had 12 pieces of candy. She gave 6 pieces to Raul. How many pieces of candy does Stacy have left? Stacy has _____ pieces left.	**2.** Bea has 6 candles. She buys 5 more. How many candles does Bea now have? Bea now has _____ candles.
3. Manuel made 10 cakes. He sold 6 at the fair. How many cakes does Manuel have left? Manuel has _____ cakes left.	**4.** Omar can play 9 songs on his guitar. He has already played 4 songs. How many more songs can Omar play? Omar can play _____ more songs.

5. Kel counted 10 shapes. Six of the shapes were squares. The rest of the shapes were circles. How many circles did Kel count? Draw that number of circles to show your answer.

Three in a Row

Directions: Fill in a word to complete the sentences below. Each word you add will either begin with three consonants or end with three consonants. Use the Word Bank to help you spell the words correctly.

Instrucciones: Añade una palabra para completar las oraciones que figuran a continuación. Cada palabra tendrá tres consonantes al comienzo o tres al final. Utiliza el "Word Bank" para ayudarte a deletrearlas correctamente.

Word Bank	Earth	lunch	shrink	three
	Fourth	month	spring	watch

1. The meal between breakfast and dinner is called _____.

2. The season where many plants begin to grow is called _____.

3. February is the second _____ of the year.

4. The planet we live on is called _____.

5. The number between two and four is called _____.

6. You can hear lots of fireworks on the _____ of July.

7. If you wear a _____ on your wrist, you will always know the time.

8. The word _____ means "to get a lot smaller."

Pick a Sign

Directions: Draw > (greater than), < (less than), or = (equal to) in each box.

Instrucciones: Dibuja > (mayor a), < (menor a) o = (igual a) en cada casillero.

1.

2.

3.

4.

5.

66

End It

Directions: Write a period (.) or a question mark (?) at the end of each sentence.

Instrucciones: Escribe un punto final (.) o signos de pregunta (?) para cada oración.

1. The butterfly is beautiful____

2. Have you seen my phone____

3. You're my best friend____

4. Whose turn is it now____

6. How old are you____

7. Be careful not to fall____

5. This is my dog____

8. What time is it____

9. Let's go to the library____

10. Can you lift the box____

Directions: Now look at these three sentences. Cross out the one that is incorrect.

Instrucciones: Ahora mira estes tres oraciones. Tacha la que sea incorrecta.

Is your birthday in June.

Am I the first one here?

We should go home now.

Cloud Sums

Directions: Circle the sets of numbers that add up to the sum in each cloud. There is more than one way to equal the sum. The first row is done for you.

Instrucciones: Encierra los conjuntos de números que, al sumarse, den como resultado la cifra que se encuentra en cada nube. Hay más de una forma correcta de hacerlo. La primera respuesta se encuentra dada.

1.	8	2 + 2	5 + 4	(3 + 5)	(7 + 1)	(6 + 2)	4 + 3
2.	4	2 + 2	3 + 2	4 + 0	5 + 1	3 + 1	0 + 4
3.	6	6 + 0	2 + 5	4 + 2	3 + 3	5 + 1	6 + 2
4.	2	2 + 0	3 + 1	4 + 1	1 + 1	0 + 2	1 + 2
5.	9	4 + 6	3 + 6	1 + 8	1 + 9	8 + 2	9 + 0
6.	3	3 + 1	2 + 0	3 + 0	2 + 1	0 + 3	1 + 2
7.	7	6 + 1	2 + 5	3 + 5	6 + 3	4 + 3	7 + 0
8.	5	2 + 2	5 + 0	3 + 2	1 + 4	4 + 2	2 + 3

Is That Real?

Directions: Read each sentence. Decide if it could be real or if it is make-believe. Fill in the correct bubble.

Instrucciones: Lee cada una de las oraciones. Determina si podría ser real o se trata de una fantasía. Rellena la burbuja correcta.

1. She had brown hair.	◯ real ◯ make-believe
2. He ate one thousand bananas for breakfast.	◯ real ◯ make-believe
3. Dad was mowing the lawn.	◯ real ◯ make-believe
4. The purple dog flew across the sea.	◯ real ◯ make-believe
5. The cat barked at the dog.	◯ real ◯ make-believe
6. Mary baked a chocolate cake.	◯ real ◯ make-believe
7. We had a great time at the party.	◯ real ◯ make-believe
8. My brother is 200 years old.	◯ real ◯ make-believe

More or Less?

Directions: Look at each object. Decide if it would weigh **more than** one pound or **less than** one pound. Fill in the circle beside your answer.

Instrucciones: Observa cada uno de los objetos. Determina si pesarían **más** o **menos** de "one pound". Rellena el círculo que se encuentra junto a tu respuesta.

1. a paper clip	2. a cat	3. a chair
○ more than one pound ○ less than one pound	○ more than one pound ○ less than one pound	○ more than one pound ○ less than one pound
4. a door	5. an eraser	6. a person
○ more than one pound ○ less than one pound	○ more than one pound ○ less than one pound	○ more than one pound ○ less than one pound
7. a piece of paper	8. a balloon	9. a pencil
○ more than one pound ○ less than one pound	○ more than one pound ○ less than one pound	○ more than one pound ○ less than one pound

The Right Tool

Directions: Read each job description below, and write the correct measuring tool for the job on the line. Use the Tool Box to help you.

Instrucciones: Lee cada una de las descripciones de las tareas y escribe en el reglón cuál sería la herramienta de medida más adecuada para llevarla a cabo. Utiliza la "Tool Box" para ayudarte.

Tool Box

calendar

clock

measuring cup

ruler

scale

1. Logan is going on vacation on July 7, and he wants to know how long he has to wait. What measuring tool does he need?

   _____

2. Lyla wants to know how much her backpack weighs. What measuring tool does she need?

   _____

3. Miguel needs 8 inches of string for his art project. What measuring tool does he need?

   _____

4. Maya has a doctor's appointment at 2:00 p.m. today, and she wants to be on time. What measuring tool does she need?

   _____

5. Blake needs $\frac{1}{2}$ cup of sugar to make cookies. What measuring tool does he need?

   _____

Counting Up

Directions: Fill in the missing numbers on each side of the windmill, counting up by 2, 5, or 10.

Instrucciones: Escribe los números que faltan en cada lado del molino, contando de 2 en 2, de 5 en 5 o de 10 en 10.

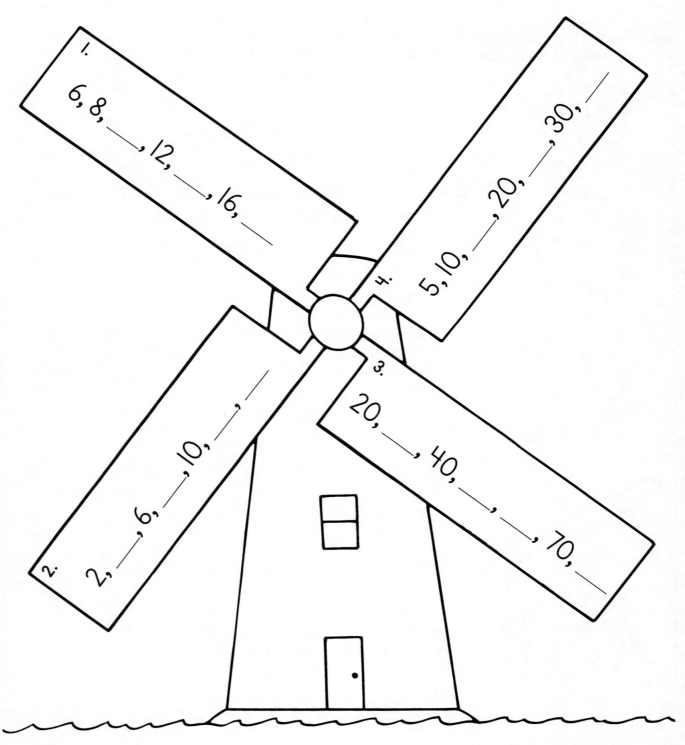

1. 6, 8, _____, 12, _____, 16, _____

2. 2, _____, 6, _____, 10, _____, _____

3. 20, _____, _____, 40, _____, _____, 70, _____

4. 5, 10, _____, 20, _____, 30, _____

With E's

Directions: In the puzzle below there are 12 words that have a double **e** in them. Find and circle all 12. Words can be found going across, down, or diagonally. Use the Word Bank to help you look for each word.

Instrucciones: En el siguiente crucigrama hay 12 palabras que contienen una doble **e**. Encuéntralas y enciérralas en un círculo. Pueden encontrarse en forma horizontal, vertical o diagonal. Utiliza el "Word Bank" para ayudarte a buscarlas.

Word Bank	agree	free	sheep
	beef	green	street
	deer	peel	sweet
	feet	seed	week

W	E	E	K	A	J	E	S	D
P	S	Y	G	P	G	U	H	K
E	T	W	R	C	F	R	E	E
E	R	Q	E	T	B	E	E	F
L	E	S	E	E	D	V	P	E
N	E	R	N	D	T	I	H	E
B	T	L	C	D	E	E	R	T

Money Math

Directions: Add up how much each set of coins is worth. Use the Coin Bank to help you remember how much each coin is worth.

Instrucciones: Realiza una suma para determinar a cuánto equivale cada grupo de monedas. Utiliza el "Coin Bank" para ayudarte a recordar cuánto vale cada una.

Coin Bank	= 1¢	= 5¢	 = 10¢	= 25¢

1. +   = _____ ¢

2.   +  + = _____ ¢

3.  +  = _____ ¢

4.   +  = _____ ¢

5.  +  = _____ ¢

Scrambled Eggs

Directions: The words in each egg can be put together to make a sentence. Write each sentence on the lines next to the egg. Be sure to use correct punctuation and capital letters.

Instrucciones: Las palabras presentes en cada huevo pueden unirse y conformar una oración. Escríbela en el renglón que se encuentra junto al huevo. Asegúrate de utilizar mayúsculas y puntos cuando corresponda.

all eggs lay birds

1. _____

_____

_____

watch you do birds

2. _____

_____

_____

some can birds talk

3. _____

_____

_____

bird feeder let's make a

4. _____

_____

_____

Counting Backward

Directions: Follow the directions for each section below. Write in the missing numbers.

Instrucciones: Sigue las indicaciones para cada sección. Escribe los números que faltan.

Count backward by 1

1. 12, 11, _____, 9, _____

2. 12, _____ 10, 9, _____

3. 8, 7, 6, _____, _____

4. 9, _____, 7, _____, 5

5. 7, _____, 5, 4, _____

6. 11, _____, _____, 8, _____

Count backward by 2

7. 10, 8, 6, _____, _____

8. 12, 10, _____, _____, 4

9. _____, 10, 8, _____, _____

10. 14, _____, _____, 8, 6

Count backward by 5

11. 20, 15, _____, 5, _____

12. 25, 20, _____, 10, _____

Rhyming Sentences

Directions: Complete each sentence with a word that rhymes with the underlined word. Use the pictures and the words from the Word Bank to help you.

Instrucciones: Completa cada una de las oraciones con una palabra que rime con la palabra subrayada. Utiliza las imágenes y las palabras del "Word Bank" para ayudarte.

Word Bank	bee	box	frog
	book	fish	hat

1.  <u>Look</u> at the _____.

2. 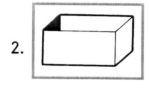 The <u>fox</u> is in a _____.

3.  On the <u>log</u> sits a _____.

4.  The <u>cat</u> wears a _____.

5.  I <u>wish</u> I had a _____.

6.  I <u>see</u> a _____.

Who's Driving?

Directions: Add each group of numbers on the cars below. Only one clown is driving a car whose sum equals 20. Which car is that clown driving? Color that car.

Instrucciones: Suma los conjuntos de números presentes en los autos. Sólo uno de los payasos conduce un auto cuya suma da como resultado 20. ¿Cuál es? Coloréalo.

$2 + 3 + 7 + 5 =$

Car 1

$3 + 4 + 2 + 9 =$

Car 4

$9 + 3 + 2 + 6 =$

Car 2

$7 + 3 + 3 + 4 =$

Car 5

$2 + 7 + 9 + 7 =$

Car 3

$1 + 3 + 4 + 5 =$

Car 6

78

Dare to Compare

Directions: Choose one of the pairs of things below. Put a check next to your choice. Compare the two things in writing.

Instrucciones: Escoge uno de los pares de elementos que figuran a continuación. Márcalo con un tic. Compara ambos elementos por escrito.

☐ apples and oranges   ☐ books and movies   ☐ breakfast foods and dinner foods

Here is how these two things compare:

_____

_____

_____

_____

Do you think these two things are more alike or more different? Give your answer in writing. Explain your answer.

_____

_____

_____

_____

_____

_____

_____

Which Color?

Directions: A teacher wore a different color of shirt each day during a school week. He has a blue shirt, a red one, a purple one, a green one, and a yellow one. Read the clues in the box to decide which color he wore on which day.

Instrucciones: Un docente vistió una remera de diferente color cada día durante una semana. El docente posee una remera azul, una roja, una morada, una verde y una amarilla. Lee las pistas del casillero para determinar qué color vistió en cada uno de los días.

@ Mr. Moore started the week with his purple shirt and ended it by wearing his blue one.

@ The shirt he wore on Wednesday was the color of a lemon, and Thursday's shirt was the color of a ripe tomato.

@ Tuesday was St. Patrick's Day.

Use markers or colored pencils to show which color shirt he wore on each day of the school week.

Draw It

Directions: Copy the picture one square at a time onto the bottom grid. Then, color your picture.

Instrucciones: Reproduce la imagen dibujando un cuadrado a la vez en la grilla inferior. Luego, coloréala.

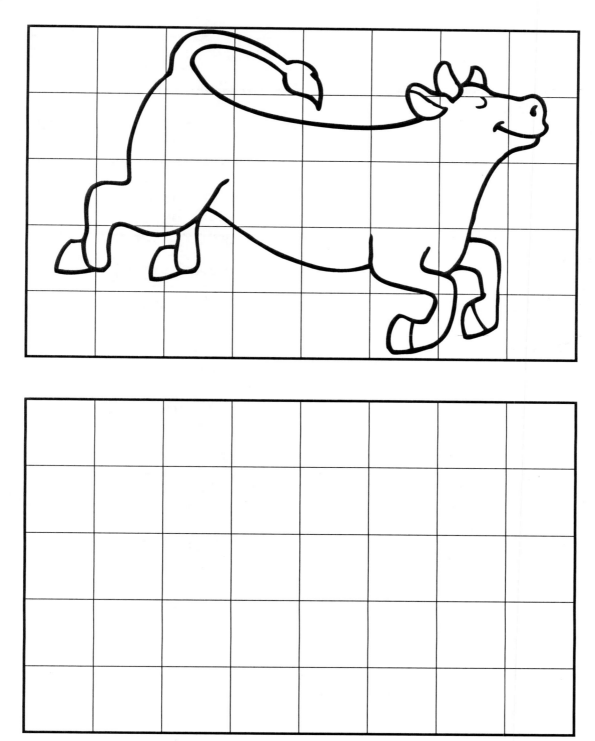

About How Long?

Directions: Read the list of activities below. Decide if each activity would take seconds, minutes, or hours to complete. Fill in the correct response.

Instrucciones: Lee la lista de actividades. Determina si llevar a cabo cada actividad tomará segundos, minutos u horas. Rellena la respuesta correcta.

1. Go on a long hike.	seconds	minutes	hours
2. Write your name.	seconds	minutes	hours
3. Eat breakfast.	seconds	minutes	hours
4. Watch a movie.	seconds	minutes	hours
5. Do one jumping jack.	seconds	minutes	hours
6. Drive across your state.	seconds	minutes	hours
7. Write a letter to Grandma.	seconds	minutes	hours
8. Count to 10.	seconds	minutes	hours
9. Drive to the store.	seconds	minutes	hours
10. Brush your teeth.	seconds	minutes	hours

At the Zoo

Directions: Think about the nouns, verbs, and adjectives you might "see" at a zoo. Then, write them on the lines below. One of each is written for you.

Instrucciones: Piensa en todos aquellos sustantivos, verbos y adjetivos que podrías "ver" en un zoológico. Luego, escríbelos en los renglones. Una respuesta de cada grupo se encuentra dada.

> **What to Know**
>
> A **noun** is a person, place, thing, or idea.
>
> A **verb** says what a noun does or did.
>
> An **adjective** tells about, or describes, a noun.

Nouns: _____ gorilla _____

_____

_____

Verbs: _____ eat _____

_____

_____

Adjectives: _____ big _____

_____

_____

Which Symbol?

Directions: Write the **less than** or **greater than** symbol between the two numbers.

Instrucciones: Escribe el símbolo **menor** o **mayor** entre los dos números.

< is the symbol for **less than**

> is the symbol for **greater than**

5 > 3

1. 10 ◯ 8	2. 2 ◯ 0	3. 14 ◯ 35
4. 64 ◯ 51	5. 9 ◯ 11	6. 79 ◯ 97
7. 5 ◯ 6	8. 21 ◯ 24	9. 100 ◯ 12
10. 25 ◯ 17	11. 30 ◯ 34	12. 68 ◯ 75
13. 15 ◯ 10	14. 62 ◯ 70	15. 14 ◯ 10

Fact or Opinion?

Directions: Read each statement. Decide if it is a fact or an opinion. Fill in the correct bubble.

Instrucciones: Lee cada uno de los enunciados. Determina si se trata de un hecho o una opinión. Rellena la burbuja correcta.

1. There are seven days in a week.	◯ fact ◯ opinion
2. Her purple shirt is beautiful.	◯ fact ◯ opinion
3. A bicycle has two wheels.	◯ fact ◯ opinion
4. It is a long walk to school.	◯ fact ◯ opinion
5. A bird is the best kind of pet.	◯ fact ◯ opinion
6. *The Cat in the Hat* was written by Dr. Seuss.	◯ fact ◯ opinion
7. The radio is loud.	◯ fact ◯ opinion
8. Thanksgiving is in November.	◯ fact ◯ opinion

3-D Shapes

Directions: Say the name of the shape in the first box. Color the objects in the row that are the same shape as the shape in the first box.

Instrucciones: Nombra la forma que figura en el primer casillero. Colorea los objetos de la fila que posean su misma forma.

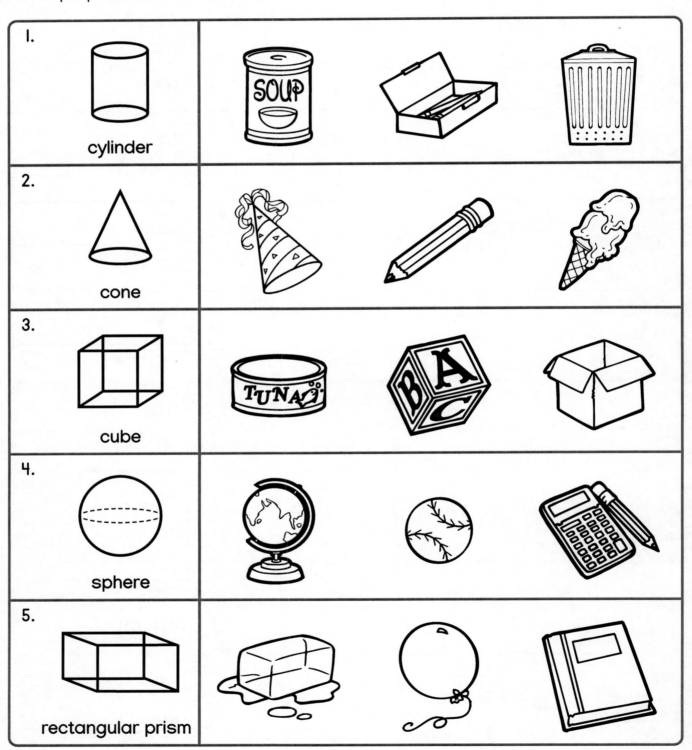

1. cylinder

2. cone

3. cube

4. sphere

5. rectangular prism

Order the Story

Directions: Rewrite the story parts in order. Draw a picture for each part.

Instrucciones: Reescríbe las partes de la historia en el orden correcto. Realiza un dibujo para cada parte.

Story Parts

Blork put the cake mix into the oven.	The robot mixed eggs, flour, and sugar in a bowl.
When the cake was cool, icing was put on it.	A robot named Blork had an idea to make a cake.

Draw pictures here.   **Rewrite the story in order here.**

1. _____

2. _____

3. _____

4. _____

Counting the Months

Directions: Use the Months of the Year chart to help you answer the questions below. The months are listed in order.

Instrucciones: Utiliza el gráfico "Months of the Year" para ayudarte a responder las preguntas. Los meses se encuentran enumerados en orden.

Months of the Year		
1. January	5. May	9. September
2. February	6. June	10. October
3. March	7. July	11. November
4. April	8. August	12. December

1. How many months are in a year?

_____

2. What is the first month of the year?

_____

3. What is the 10th month of the year?

_____

4. If it is May, how many months are there until July?

_____

5. If it is September, how many months are there until the last month of the year?

_____

6. If it is June and someone's birthday is two months away, in what month is that person's birthday?

_____

Picture This

Directions: Read the story. Draw a picture. Show what the story describes.

Instrucciones: Lee la historia. Realiza un dibujo que muestre lo que se describe en la misma.

Mo and the Tasty Tree

Mo sat under a large tree. Mo had a long tail, a long mane, and a long horn. The horn stuck out of the middle of her head. The tree had three apples that hung above Mo's head. She reached up to the lowest apple. She gently grabbed the apple between her teeth. Mo loved apples!

Your Drawing

Week 8 · Friday F · Codes

Riddle Me These

Directions: Use the Answer Code to solve the riddles. Write each letter below the symbol to solve each riddle.

Instrucciones: Utiliza el "Answer Code" para resolver los acertijos. Escribe la letra correspondiente bajo cada uno de los símbolos.

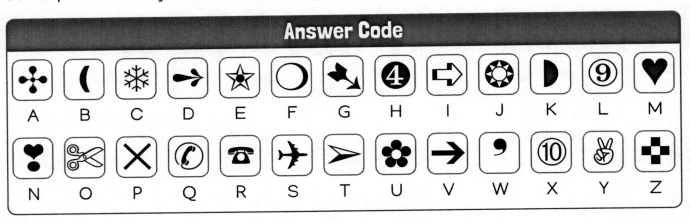

1. Which kind of fish goes well with toast?

___ ___ ___ ___ ___ ___ ___ ___ ___ ___

2. What two things can you never eat for breakfast?

___ ___ ___ ___ ___   ___ ___ ___

___ ___ ___ ___ ___ ___

Hidden Message

Directions: Write the name of each food next to its picture. Write one letter in each box. Use the Word Bank to help you spell the words. Then, look at the letters in the dark boxes. On the line below, write the mystery word they spell.

Instrucciones: Escribe el nombre de cada alimento junto a su imagen. Escribe una letra dentro de cada casillero. Utiliza el "Word Bank" para ayudarte a deletrearlo. Luego, observa las letras en los casilleros oscuros. En el renglón inferior, escribe la palabra secreta que conforman.

| Word Bank | apple   cheese   pear   yogurt |
| | carrot   peach   turkey |

1.

2.

3.

4.

5.

6.

7.

Mystery Word:

Lista de lectura verano

Uno de los mejores modos de promover el desarrollo educativo durante el verano es mediante la lectura. Afortunadamente, existe una gran variedad de fantásticos libros ilustrados y de pasta dura que podrían interesas y cautivar a tu joven lector. Por favor, lee las reseñas y/o lee los libros tú mismo antes de presentárselos a tu hijo, con el fin de determinar si son adecuados para él.

Si lo deseas, puedes utilizar este gráfico (y el que figura en la página 93) para mantenerte organizado. Utiliza la columna de **Fechas** para anotar el día en que tu hijo leyó el libro o cuándo debería devolverlo en la biblioteca. Utiliza la columna de **Notas** como ayuda para recordar lo que has leído en las reseñas de otros lectores o lo que tu hijo pensó del libro tras leerlo.

Fechas	Información del libro	Notas
	My Visit to the Aquarium por Aliki Las ilustraciones detalladas y coloridas de Aliki llevan al lector a un viaje al acuario sin salir de casa.	
	Cloudy with a Chance of Meatballs por Judi Barrett Todo es genial en el pueblo de Chewandswallow, donde llueve comida tres veces al día. Luego las porciones se hacen más grandes.	
	Journey por Aaron Becker Las abundantes ilustraciones narrativas de este primer libro de "la trilogía sin palabras" invitan al lector a encontrar sus propias palabras para el cuento sobre una niña que toma un vuelo imaginario y descubre una tierra llena de asombro y peligros.	
	I Like Me! por Nancy Carlson Esta adorable historia sobre un cerdo anima a los niños a quererse a sí mismos y a cuidarse bien.	
	Olivia por Ian Falconer Conoce a Olivia, una cerda precoz y llena de energía, en su primer libro de muchos.	
	Change Sings: A Children's Anthem por Amanda Gorman Del poeta inaugural presidencial más joven en la historia de los EE. UU., este primer libro ilustrado trata sobre hacer e inspirar un cambio positivo en nuestras comunidades y en nosotros mismos.	
	The Princess in Black por Shannon Hale and Dean Hale Este cuento de una princesa que vive una doble vida atrevida es una gran introducción a los libros de capítulos.	
	Harold and the Purple Crayon por Crockett Johnson Acompaña a Harold mientras dibuja su camino a lo largo de un viaje imaginario.	
	The Paper Bag Princess por Robert N. Munsch En este cuento de hadas, una valiente princesa se pone en marcha para rescatar a su príncipe cuando un dragón lo secuestra justo antes de su boda.	

Lista de lectura verano (cont.)

Fechas	Información del libro	Notas
	Fancy Nancy: Explorer Extraordinaire! por Jane O'Connor Fancy Nancy es tan elegante como siempre mientras explora el aire libre, incluyendo mariposas, arañas, mariquitas, flores silvestres, pájaros y mucho más.	
	Curious George Goes to the Beach por H.A. Rey Únete al mono favorito de todos y al hombre del sombrero amarillo para pasar un día en la playa. Todo va bien hasta que una gaviota se va volando con algo valioso. ¿Qué hará Jorge?	
	Henry and Mudge: The First Book por Cynthia Rylant Henry se siente solo, por lo que les pide a sus padres un perro. Su nuevo cachorro se convierte rápidamente en un perro muy grande y en su mejor amigo.	
	Skippyjon Jones por Judy Schachner Este divertido cuento nos presenta a Skippyjon Jones, un gatito siamés con una vívida imaginación.	
	Where the Wild Things Are por Maurice Sendak Después de ser enviado a su habitación sin cenar, un niño se encuentra en una interesante aventura entre las cosas salvajes.	
	Ira Sleeps Over por Bernard Waber La ira está emocionada de pasar la noche en la casa de este amigo hasta que se pone nervioso por dormir sin su osito de peluche.	
	Pigs Make Me Sneeze por Mo Willems Descubre qué sucede cuando Gerald el elefante cree que es alérgico.	

Aprovechando al máximo la lectura de verano

Cuando leas estos libros con tu hijo, puedes hacerle las preguntas que aparecen a continuación. El intercambio de preguntas, respuestas e ideas incrementará y potenciará sus habilidades de comprensión lectora. Estimúlalo a explayarse en sus respuestas y explicar sus pensamientos en detalle.

- ¿La portada del libro te provoca deseos de abrirlo y leerlo?
- ¿De qué trata la historia?
- ¿Adónde transcurre la historia? ¿Te gustaría visitar ese sitio?
- Nombra un personaje de la historia que te haya gustado. ¿Por qué te gustó ese personaje?
- Nombra un conflicto presente en la historia. ¿Cómo se resolvió?
- Si puedes, busca una imagen que represente con exactitud lo que cuentan las palabras de la historia. Luego, busca una que represente algo que no haya sido contado en la misma.
- ¿Recomendarías este libro a tus amigos? ¿Por qué sí o por qué no?

Lee y resuelve

A continuación, se incluyen algunas ideas divertidas para que tu hijo incremente su lectura. La mayoría implicarán la participación de ambos, pero se encuentran dirigidas hacia él con el fin de incentivar su amor por los libros.

Diseña un Marcapáginas __/__/__	Puedes diseñar un marcador para su libro favorito y luego usarlo en otros libros para que recuerde de una gran experiencia de lectura. Utiliza una tira de papel de colores e incluye el título, el autor y una imagen de algo que haya sucedido en el libro.
Cadena de libros __/__/__	Crea una cadena de libros para unir tus libros favoritos. Primero, corta tiras de papel de colores. En una tira, escribe el nombre de tu libro favorito. Luego, describe tu parte favorita del cuento. Engrapa o pega la primera tira de papel para formar un círculo. Coloca la segunda tira a través el primer círculo, luego pégalo con cinta adhesiva o grápalo para formar el segundo enlace. Haz esto para cada libro que leas y vincula todos tus libros. Usa la cadena para decorar tu cuarto.
Una historieta __/__/__	Convierte tu libro favorito en una historieta. Dobla al menos dos hojas de papel por la mitad y engrápalas para que formen un libro. Con regla y lápiz dibuja recuadros en cada página para que parezcan historietas en blanco. Luego, dibuja el cuento de tu libro como si fuera una historieta. Haz dibujos de tus personajes y haz que hablen como en una historieta real.
Comidas novedosas __/__/__	¿Qué alimentos comen los personajes de tu libro? ¿Qué beben? ¿Cuáles son sus comidas favoritas? Obtén una mejor idea de los gustos de sus personajes cocinando sus comidas favoritas. A algunos personajes les encantan las cosas dulces, como galletas y helado. Otros personajes comen hamburguesas y pizza. Decide qué comidas les encantan a tus personajes. Con la ayuda de tus padres, localiza las recetas en Internet o en libros. Luego, haz una lista de compras. Compra comestibles y reúne los materiales necesarios, tales como tazones para mezclar, cucharas y sartenes. Cocina las comidas favoritas de tus personajes solo o con amigos.
Cuentos para mascotas __/__/__	Algunos gatos y perros disfrutan que les lean. Aprecian la atención verbal, especialmente si va acompañada de un cariñoso rasguño detrás de la orejas. Elige tu libro favorito y léelo a tu mascota. Observa si a él o ella le gusta especialmente que le lean. Tu perro puede inclinar la cabeza y levanta las orejas, tratando de entender lo que estás leyendo. Un gato puede frotarse mejilla contra ti o subirse a tu regazo mientras lees. Incluso podrías querer leer un libro especial sobre un perro o un gato a tu mascota.
Cúbrelo __/__/__	Crea una nueva portada para un libro ilustrado. Piensa en una imagen que podría hacer que alguien quiera abrir el libro y empezar a leerlo. Tu nueva portada puede ser una imagen de una página del libro, o puede ser una nueva que tú hayas creado.

Tabla leer–juntos

¿Tu padre te lee libros antes de dormir? Tal vez tu madre lea a la familia durante el desayuno. Puede que a tus abuelos les guste leerte después de la escuela o durante los fines de semana. Tú y tu familia pueden crear un gráfico de "lectura compartida" y completarlo juntos, para tener registro de todos los libros que han leído.

A continuación, se incluyen dos gráficos de "lectura compartida". El primero constituye un ejemplo. El segundo se encuentra en blanco para que puedas agregar tus propios libros y categorías.

Libros que leemos	¿Quién los lee?	¿De qué se trata?	Nuestra opinión
The Secret Garden	Mi hermana mayor me lee.	Se trata de una niña consentida que aprende a amar la naturaleza y la gente.	Nos gusta este libro. Los caracteres son graciosos y las ilustraciones son ¡hermosas!

This page may be reproduced as many times as needed.

Experiencias de aprendizaje

A continuación, se incluyen algunas actividades divertidas y de bajo costo que puedes realizar junto a tu hijo. Pronto descubrirás que las mismas pueden ser estimulantes, educativas y complementarias del resto de los ejercicios del libro.

Tarjetas didácticas __/__/__	Elabora todo tipo de tarjetas didácticas. Dependiendo de los intereses de tu hijo y su grado académico, pueden incluir letras del abecedario, palabras de uso frecuente, o problemas matemáticos. Puedes crearlas tú mismo con marcadores o en una computadora. Sugiérele que te ayude a cortar imágenes de revistas y péguenlas en tarjetas de 3" x 5". Luego, busca un sitio al aire libre y repasen las tarjetas juntos.
Proyecto de despensa __/__/__	Encuentra un sitio en tu casa donde puedas almacenar víveres. Puede ser un armario o un contenedor que permanezca siempre en el mismo sitio. Busca algunas latas de pintura limpias o baldes. Llénalos con todo tipo de materiales para hacer manualidades. Además de las clásicas pinturas, marcadores, papel, tijeras y pegamento, puedes incluir artículos inusuales, tales como azulejos, flores artificiales y papel de regalo. De este modo, cada vez tú y tu hijo quieran hacer una manualidad, pueden acceder a todo lo necesario en ese preciso momento.
Colecciona algún objeto __/__/__	Deja que tu hijo escoja objetos para coleccionar que sean gratuito o de bajo costo, tales como clips o botones. Si desea coleccionar algo inviable, tal como caballos, busquen imágenes en revistas o catálogos y sugiérele que los recorte y comience una colección de imágenes.
Viaje al supermercado __/__/__	En lugar de que el viaje al supermercado sea una obligación, transfórmalo en un desafío. Incluso los niños que aún no leen pueden ayudar a encontrar los artículos en los estantes. Comienza por darle a tu hijo su propia lista de compras. Revisen la lista antes de partir. Si aún no lee, puedes recortar las imágenes que aparecen en los anuncios. Muchos comercios poseen pequeños carros de compras que puedes ofrecerle para que llene el suyo propio. Cuando lleguen a un pasillo donde sepas que hay algún artículo presente en su lista, aliéntalo a buscarlo. Puede requerir tu ayuda para acceder a algún artículo que se encuentre en un estante fuera de su alcance.
Comer el abecedario __/__/__	¿No sería divertido comer el abecedario? Durante el transcurso del verano, observen cuántas frutas y verduras pueden comer de la A a la Z. Pueden elaborar un póster o un gráfico con las letras de la A a la Z. Una vez terminado, cada vez que tu hijo coma una fruta o verdura, escríbanla junto a la letra del abecedario correspondiente. También puede realizar un dibujo de lo que ha comido.

Experiencias de aprendizaje (cont.)

¿Cuánto cuesta? __/__/__	Si salen a comer, pide ayuda a tu hijo para obtener el total de la cuenta. Anoten el costo de la comida de cada comensal. Luego, dile que lo sume y calcule cuánto se gastó en total. Puedes modificar la actividad y volverla mucho más simple, pidiéndole que sólo calcule el costo de una entrada y un trago del menú, o el costo de tres postres. Asegúrate de redondear las cifras primero.
Búsqueda del tesoro en la naturaleza __/__/__	Salgan a caminar, vayan a un parque o realicen una excursión a las montañas. Pero antes de partir, elabora una búsqueda del tesoro para tu hijo. Puede incluir todo tipo de cosas que se puedan encontrar en la naturaleza. Asegúrate que cuente con una bolsa para guardar todo lo que encuentre (y recuerda verificar con anticipación las reglas o leyes relacionadas con la sustracción de cualquier objeto). Puedes incluir cosas tales como: una hoja con bordes puntiagudos, una roca moteada, y una ramita con dos pequeñas ramificaciones. Tómense unos minutos para observar todos los elementos que ha recolectado y táchenlos de la lista.
¡Mídelo! __/__/__	Utilizar una regla, una cinta métrica o una vara de medir, constituye un modo de descubrir la altura de las cosas. Comienza por tu hijo y averigüen qué tan alto es. Ahora, busquen otros elementos para medir y comparar. Descubran cuánto mas bajo es un libro comparado con él, o cuánto más alta es la puerta. Para medir todo aquello que no pueda ser medido con una regla, toma un hilo y estíralo alrededor del objeto. Córtalo y realiza una marca en el sitio donde termina. Luego, estíralo junto a la regla o cinta de medir y descubran su longitud. Tu hijo se sorprenderá con lo diferente que pueden lucir algunos objetos que miden lo mismo, pero poseen una forma distinta.
Realiza un viaje y lleva un diario __/__/__	Si van a realizar un viaje durante el verano, pídele a tu hijo que lleve un diario. Los niños pequeños pueden recolectar postales y pegarlas en un diario en blanco. También pueden dibujar los sitios que visitaron. Si tiene acceso a una cámara de fotos, puede armar un álbum fotográfico.
Conviértete en un científico __/__/__	Sin que tu hijo lo sepa, pon una pelota dentro de una caja y colócale la tapa. Llámalo y dile que actúe como si fuese un científico. Deberá hacer preguntas y tratar de adivinar las respuestas. Si tiene dificultades para realizar las preguntas, puedes ayudarlo. Algunas pueden ser: "¿qué crees que hay en la caja?" y "¿cómo lo sabes?". Pídele que sacuda la caja y trate de adivinarlo.

Printing Chart

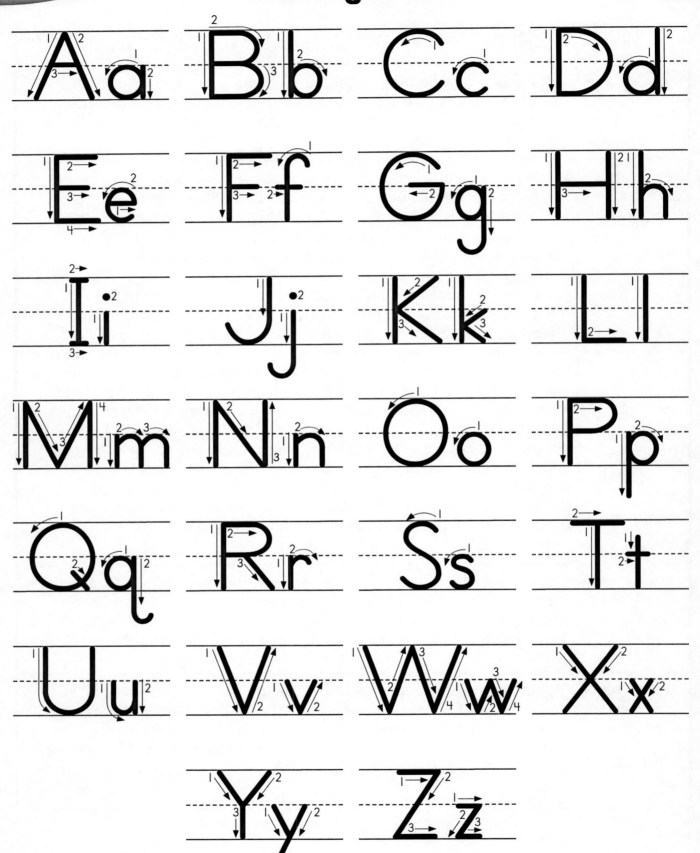

Spelling Lists

The following lists include words that your child will need to know how to read in first grade. Use these lists to create flash cards to help your child practice reading and spelling.

List 1		List 2		List 3	
also	both	each	feet	from	grow
away	came	even	find	girl	hand
back	does	eyes	food	give	hard
been	down	face	four	good	have

List 4		List 5		List 6	
head	high	keep	last	line	made
hear	home	kind	left	live	make
help	into	know	life	long	many
here	just	land	like	look	miss

List 7		List 8		List 9	
more	name	once	page	real	side
most	near	only	part	said	soft
move	need	open	play	same	some
much	next	over	read	show	stop

List 10		List 11		List 12	
such	that	this	turn	well	when
take	them	time	very	went	will
talk	then	took	walk	were	with
tell	they	tree	want	what	your

Numbers Chart

1	2	3	4	5	6	7	8	9	10
11	12	13	14	15	16	17	18	19	20
21	22	23	24	25	26	27	28	29	30
31	32	33	34	35	36	37	38	39	40
41	42	43	44	45	46	47	48	49	50
51	52	53	54	55	56	57	58	59	60
61	62	63	64	65	66	67	68	69	70
71	72	73	74	75	76	77	78	79	80
81	82	83	84	85	86	87	88	89	90
91	92	93	94	95	96	97	98	99	100

Addition Chart

+	0	1	2	3	4	5	6	7	8	9
0	0	1	2	3	4	5	6	7	8	9
1	1	2	3	4	5	6	7	8	9	10
2	2	3	4	5	6	7	8	9	10	11
3	3	4	5	6	7	8	9	10	11	12
4	4	5	6	7	8	9	10	11	12	13
5	5	6	7	8	9	10	11	12	13	14
6	6	7	8	9	10	11	12	13	14	15
7	7	8	9	10	11	12	13	14	15	16
8	8	9	10	11	12	13	14	15	16	17
9	9	10	11	12	13	14	15	16	17	18

Clocks

These 12 clocks show every time to the hour.

12:00	1:00	2:00	3:00
4:00	5:00	6:00	7:00
8:00	9:00	10:00	11:00

Clocks (cont.)

These 12 clocks show every time to the half hour.

12:30	1:30	2:30	3:30
4:30	5:30	6:30	7:30
8:30	9:30	10:30	11:30

Money Chart

penny		
1¢	1 cent	$0.01

   =

5 pennies = 1 nickel

nickel		
5¢	5 cents	$0.05

   =

5 nickels = 1 quarter

dime		
10¢	10 cents	$0.10

    =

5 dimes = 1 half dollar

quarter		
25¢	25 cents	$0.25

 =

4 quarters = 1 dollar

half dollar		
50¢	50 cents	$0.50

  =

2 half dollars = 1 dollar

dollar	

100 cents	$1.00

1 dollar =

 100 pennies   20 nickels

 10 dimes

 4 quarters   2 half dollars

Answer Key

Page 12
1. 6, six
2. 2, two
3. 7, seven
4. 4, four
5. 3, three
6. 1, one
7. 5, five
8. 8, eight

Page 13
1. fan, can, pan
2. fin, pin, win
3. jet, net, vet (or pet)
4. mop, pop, hop

Page 14
1. 10
2. 14
3. 17
4. 13
5. 15
6. 18
7. 12
8. 16

Page 15
1. big
2. fast
3. three
4. yellow
5. quiet
6. hot
7. wet
8. round

Page 16
1. 3 + 2 = 5
2. 6 + 1 = 7
3. 5 + 3 = 8
4. 4 + 2 = 6
5. 3 + 0 = 3
6. 4 + 4 = 8

Page 17
1. cat
2. bus
3. bed
4. pen
5. wig
6. pin
7. log
8. mop
9. tub
10. run

Page 18

	1	2	3	4	5	6
pigs	▨	▨	▨			
cows	▨	▨	▨	▨		
sheep	▨	▨	▨	▨	▨	▨
chickens	▨	▨	▨	▨	▨	
dogs	▨	▨				

1. sheep
2. 4
3. 20

Page 20
Answers will vary. Possible answers:
1. books
2. fly
3. run
4. hot
5. away
6. sea

Page 21

Page 22
1. 15 – 10 = 5
2. 13 – 9 = 4
3. 14 – 6 = 8

Answer Key (cont.)

Page 23
1. chased
2. twinkle
3. watched
4. set
5. swim
6. sings
7. eat
8. threw

Page 24
- 12 pizza toppings
- 16 ice cubes

Page 25
1. fan, fin
2. pin, pan
3. net, nut
4. leg, log
5. cot, cat
6. map, mop
7. dig or dug, dog
8. bug, bag

Page 26

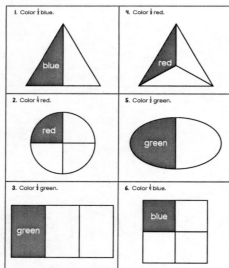

Page 27
The Lost Cat

This morning, my cat got lost. First, I looked under my bed. Then, I looked under the table. Finally, I looked in the closet. I found her in the closet!

Page 28
1. 16
2. 14
3. 12
4. 17

Page 29
1. Little
2. Three
3. Baby
4. Old

Page 30

Draw a fruit.

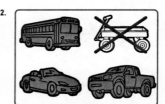
Draw a vehicle.

Draw a farm animal.

Page 31
1. hair
2. scales
3. feathers

Page 32
1. 5 o'clock
2. 10 o'clock
3. 9 o'clock
4. 2 o'clock
5. 3 o'clock
6. 12 o'clock

Page 33
1. yes
2. no
3. no
4. no
5. no
6. no
7. yes
8. yes
9. no
10. no

Page 34

1. 5 – 2 = 3
2. 6 – 4 = 2
3. 4 – 1 = 3
4. 7 – 6 = 1
5. 5 – 5 = 0
6. 6 – 3 = 3

Page 35

1. My
2. Can
3. I
4. We
5. She
6. There
7. Are
8. Her

Page 36

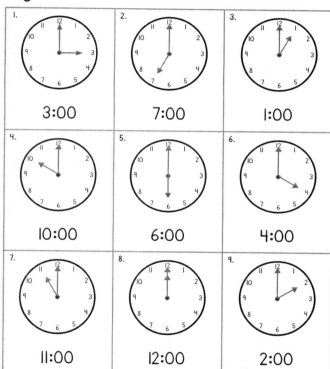

Page 37

1. bat
2. pot
3. saw
4. bowl

Page 38

1. Sunday
2. Monday
3. three days
4. Tuesday and Thursday
5. Saturday

Page 40

1. cold
2. light
3. on
4. under
5. low
6. out
7. near
8. straight
9. down
10. sad
11. dirty
12. short

Page 42

1. 7
2. 9
3. 4
4. 6

Page 43

1. The snake slithers.
2. The bunny hops.
3. The lion roars.
4. The dog barks.
5. The bee buzzes.
6. The bird chirps.
7. The cow moos.

Page 44

Answer Key (cont.)

Page 45
1. e
2. u
3. i
4. a
5. o
6. i
7. e
8. o
9. e

Page 46
1. 6
2. 1
3. 6
4. 7

Page 48
1. triangle
2. hexagon
3. circle
4. pentagon
5. rectangle
6. square

Page 49
1. i, long
2. u, short
3. e, long
4. e, long
5. a, long
6. o, short
7. e, short
8. o, long
9. i, short

Page 50
1. Earth
2. Neptune
3. Jupiter
4. Venus and Mars should be circled.
5. Saturn should be colored.

Page 51
1. red
2. orange
3. yellow
4. green
5. yellow
6. blue
7. red
8. yellow
9. green
10. blue

Page 52

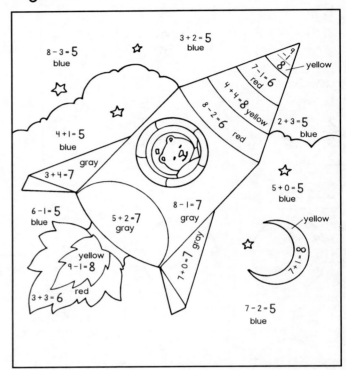

Page 53
1. The spider sees a fly.
2. The rats paint a picture.
3. The kid spits seeds.
4. He dug in the sand.

Page 54
- 50 bees
- Groups of 10 will vary.
- 5 groups of 10 bees

Page 55
Answers will vary. Possible answers:
1. fuzzy
2. hungry
3. tall
4. loud
5. windy
6. large
7. fresh
8. old, rusty

Answer Key (cont.)

Page 56
1. add
2. add
3. add
4. subtract

Page 57
1. hat
2. dog
3. sun
4. get
5. man
6. dig
7. sad
8. ten
9. fish
10. goat

Page 58
1. 6 inches
2. 5 inches
3. 3 inches
4. 1 inch
5. 4 inches
6. 2 inches

Page 61
1. chicken
2. car
3. apple
4. bug
5. cake
6. three

Page 62
- 35 koalas
- Groups of 5 will vary.
- 7 groups of 5 koalas

Page 64
1. 6
2. 11
3. 4
4. 5
5. 4 circles

Page 65
1. lunch
2. spring
3. month
4. Earth
5. three
6. Fourth
7. watch
8. shrink

Page 66
1. =
2. >
3. <
4. >
5. <

Page 67
1. .
2. ?
3. .
4. ?
5. .
6. ?
7. .
8. ?
9. .
10. ?

The first sentence is incorrect.

Page 68
1. 3 + 5, 7 + 1, 6 + 2
2. 2 + 2, 4 + 0, 3 + 1, 0 + 4
3. 6 + 0, 4 + 2, 3 + 3, 5 + 1
4. 2 + 0, 1 + 1, 0 + 2
5. 3 + 6, 1 + 8, 9 + 0
6. 3 + 0, 2 + 1, 0 + 3, 1 + 2
7. 6 + 1, 2 + 5, 4 + 3, 7 + 0
8. 5 + 0, 3 + 2, 1 + 4, 2 + 3

Page 69
1. real
2. make-believe
3. real
4. make-believe
5. make-believe
6. real
7. real
8. make-believe

Answer Key (cont.)

Page 70
1. less than one pound
2. more than one pound
3. more than one pound
4. more than one pound
5. less than one pound
6. more than one pound
7. less than one pound
8. less than one pound
9. less than one pound

Page 71
1. calendar
2. scale
3. ruler
4. clock
5. measuring cup

Page 72
1. 6, 8, **10**, 12, **14**, 16, **18**
2. 2, **4**, 6, **8**, 10, **12**, **14**
3. 20, **30**, 40, **50**, **60**, 70, **80**
4. 5, 10, **15**, 20, **25**, 30, **35**

Page 73

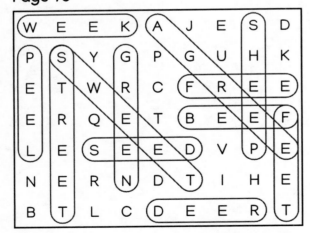

Page 74
1. 13¢
2. 21¢
3. 27¢
4. 35¢
5. 40¢

Page 75
1. All birds lay eggs.
2. Do you watch birds?
   or You do watch birds.
3. Some birds can talk.
   or Can some birds talk?
4. Let's make a bird feeder.

Page 76
1. 12, 11, **10**, 9, **8**
2. 12, 11, 10, 9, **8**
3. 8, 7, 6, **5**, **4**
4. 9, 8, 7, **6**, 5
5. 7, **6**, 5, **4**, 3
6. 11, **10**, 9, **8**, 7
7. 10, 8, 6, **4**, **2**
8. 12, 10, **8**, **6**, 4
9. 12, 10, **8**, **6**, 4
10. 14, 12, 10, 8, 6
11. 20, 15, **10**, 5, **0**
12. 25, 20, **15**, 10, **5**

Page 77
1. book
2. box
3. frog
4. hat
5. fish
6. bee

Page 78
Car 1 = 17
Car 2 = 20 (should be colored)
Car 3 = 25
Car 4 = 18
Car 5 = 17
Car 6 = 13

Page 80
Monday – purple
Tuesday – green
Wednesday – yellow
Thursday – red
Friday – blue

Answer Key (cont.)

Page 82
1. hours
2. seconds
3. minutes
4. hours
5. seconds
6. hours
7. minutes
8. seconds
9. minutes
10. minutes

Page 84

1. >	6. <	11. <
2. >	7. <	12. <
3. <	8. <	13. >
4. >	9. >	14. <
5. <	10. >	15. >

Page 85
1. fact
2. opinion
3. fact
4. opinion
5. opinion
6. fact
7. opinion
8. fact

Page 86

Page 87
1. A robot named Blork had an idea to make a cake.
2. The robot mixed eggs, flour, and sugar in a bowl.
3. Blork put the cake mix into the oven.
4. When the cake was cool, icing was put on it.

Page 88
1. twelve months
2. January
3. October
4. two months
5. three months
6. August

Page 90
1. a jellyfish
2. lunch and dinner

Page 91
1. cheese
2. pear
3. carrot
4. apple
5. yogurt
6. peach
7. turkey
Mystery Word: healthy

Reward Chart